AVERTISSEMENT DE L'AUTEUR

Nous avons jugé utile, en procédant à la réédition de l'*Histoire abrégée des Campagnes modernes*, de remplacer les quelques cartes anciennes et très sommaires qui accompagnaient la précédente édition par un véritable Atlas, aussi complet que possible et établi avec le soin et l'élégance que l'on demande aujourd'hui aux publications cartographiques.

Nous avons cherché à présenter aux lecteurs de notre ouvrage un excellent instrument de travail, permettant de suivre par les yeux les campagnes et les batailles dans leurs phases décisives ou caractéristiques. Nous avons ainsi été amenés à nous référer à divers travaux antérieurs, en particulier à certains cours professés à l'*École d'application de l'artillerie et du génie*, où une disposition particulièrement heureuse au point de vue didactique était adoptée. Nous tenons à remercier ici les auteurs de ces cours, MM. le général BARRAU, les colonels MEUNIER et CAMON, le lieut'-colonel GUILLEMIN, qui ont bien voulu nous autoriser à utiliser leurs travaux.

Nous remercions également MM. ROMAGNY et PIALES D'ANTREZ, auteurs d'un Atlas, aujourd'hui presque épuisé, intitulé : *Batailles d'un siècle*, dont nous avons reproduit un certain nombre de cartes.

Notre Atlas est suivi d'un Tableau récapitulatif des campagnes depuis 1792 jusqu'à la guerre russo-japonaise incluse, donnant avec une très grande clarté une vision synoptique des faits et qui constitue un précieux aide-mémoire dont nous espérons que nos lecteurs apprécieront l'utilité.

COMMANDANT VIAL.

TABLE DES CARTES

HISTOIRE ABRÉGÉE

DES

CAMPAGNES MODERNES

PAR

J. VIAL

Colonel d'État-Major en retraite

Ancien Professeur d'art et d'histoire militaires à l'École d'application d'État-Major

COMPLÉTÉE ET MISE A JOUR

Par son Fils C. VIAL

Chef d'escadron au 15ᵉ régiment d'artillerie

SIXIÈME ÉDITION

ATLAS

CONTENANT 1 7 CARTES EN COULEURS ET EN NOIR

et les **TABLEAUX** récapitulatifs des Campagnes

PARIS

LIBRAIRIE MILITAIRE R. CHAPELOT et Cⁱᵉ

IMPRIMEURS-ÉDITEURS

30, Rue et Passage Dauphine, 30

1911

HISTOIRE ABRÉGÉE

DES

CAMPAGNES MODERNES

PAR

J. VIAL

Colonel d'État-Major en retraite

Ancien Professeur d'art et d'histoire militaires à l'École d'application d'État-Major

COMPLÉTÉE ET MISE A JOUR

Par son Fils **C. VIAL**

Chef d'escadron au 15ᵉ régiment d'artillerie

SIXIÈME ÉDITION

ATLAS

CONTENANT 127 CARTES EN COULEURS ET EN NOIR

et des **TABLEAUX** récapitulatifs des Campagnes

PARIS

LIBRAIRIE MILITAIRE R. CHAPELOT et Cⁱᵉ

IMPRIMEURS-ÉDITEURS

30, Rue et Passage Dauphine, **30**

1911

Carte Nº 1

MER DU NORD

Terschelling
Texel
Helder Nieuwediep
Hollande Nord
Enkhuizen Urk
ZUIDEREÉE
Frise
Dollart
Amsterdam
Veluwe
Gueldre
Hollande
LA HAYE
Utrecht
Bouches de la Meuse
ROTTERDAM
Hollande Sud
Dordrecht
Nimègue
Grave
Bois le Duc
Wesel
Bergen-op-zoom
Zélande
Bochum
Ostende
Bruges
Campine
ANVERS
GAND
Pays de Waes
Malines
Limbourg
Venloo
DUSSELDORF
Calais
Dunkerque Furnes
Flandres
COLOGNE
Boulogne
St Omer
Ypres
Courtrai
Louvain
Maestricht
Aix la Chapelle
WESTERWALD
Lille
Roubaix
BRUXELLES
Brabant
Waterloo
Neerwinden
LIÈGE
COBLENTZ
Montreuil
Tournay Ath
Hainaut
Hesbaye
Huy
HOHE VENN
TAUNUS
Béthune
Condé
NAMUR
HUNSRÜCK
MAYENCE
Arras
Valenciennes
Charleroi
Fleurus
Marienbourg
Darmstadt
Abbeville
Cambrai
Maubeuge
ARDENNES
EIFEL
Amiens
St Quentin
Philippeville
Fagne
Givet
LUXEMBOURG
Worms
La Fère
Mézières
Sedan
Arlon
Trèves
Palatinat
Mannheim
Compiègne
Aisne
Stenay
Luxembourg
Spire
Germersheim
Reims
Montmédy
Longwy
Fanloy
Thionville
METZ
Carlsruhe
Ste Menehould
VERDUN
Rastatt
Chalons sur Marne
Bar le Duc
VOSGES
TOUL
NANCY
STRASBOURG
Kehl
Vitry le François
LES MONTS FAUCILLES
EPINAL
FORÊT NOIRE
Colmar
Fribourg
Langres
Bâle d'Alsace
Neubourg
SUNDGAU
Mulhouse
BELFORT
BÂLE
Montbéliard
Porrentruy
SUISSE

BELGIQUE ET HOLLANDE

CAMPAGNES
de 1792, 1793, 1794 et 1795.

Échelle de 1:1,500,000.

BIBLIO
RF
NATIONALE

Hal — Campagnes modernes

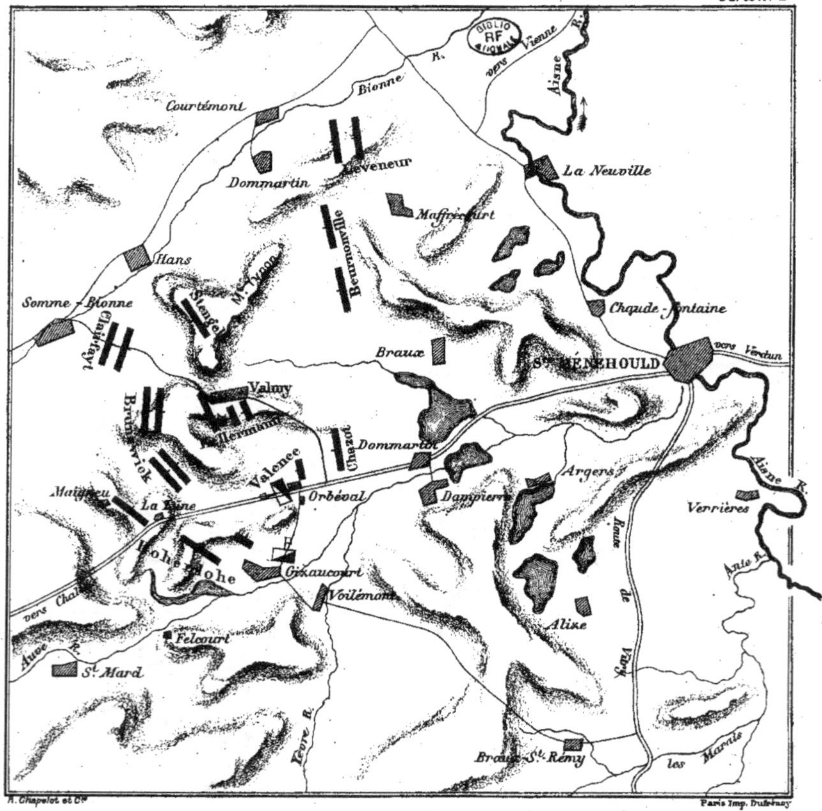
Courtémont
Bionne
Dommartin
Leveneur
Maffrécourt
La Neuville
Hans
Mt-Yvron
Beauvoisines
Somme - Bionne
Chalade
Braux
Chaude - Fontaine
St-MÉNEHOULD
vers Verdun
Valmy
Kellermann
Dommartot
Brunswick
Chazot
Argers
Maigneu
Valence
Dampierre
La Lune
Orbéval
Verrières
Cohe
Gizaucourt
Voilémont
Alize
Felcourt
St-Mard
Braux-St-Rémy
les Marais
Aisne R.
Aire R.
Route de Vaux
A. Chapelot et Cie
Paris Imp. Dufrénoy
Echelle : $\frac{1}{80.000}$
0   1   2   3   4   5 k.

6 Novembre 1792 — JEMMAPES — 8 heures du matin
Carte N.° 3
Fort-s-Haisme
Jemmapes
la Trouille
MONS
Haisne R.
Rosières
Cuesmes
Beaulieu
Quaregnon
Berthaimont
Ciply
Frameau
Égalité
Beaumonville
Réserve
Wasme
Ciply
Maubuge
Wasme
Frameries
Harville
P
Réserve
R. Chapelot et C.ie
Paris Imp. Dufrénoy
Echelle : 1/60.000
0   1   2   3   4   5 Kilom.

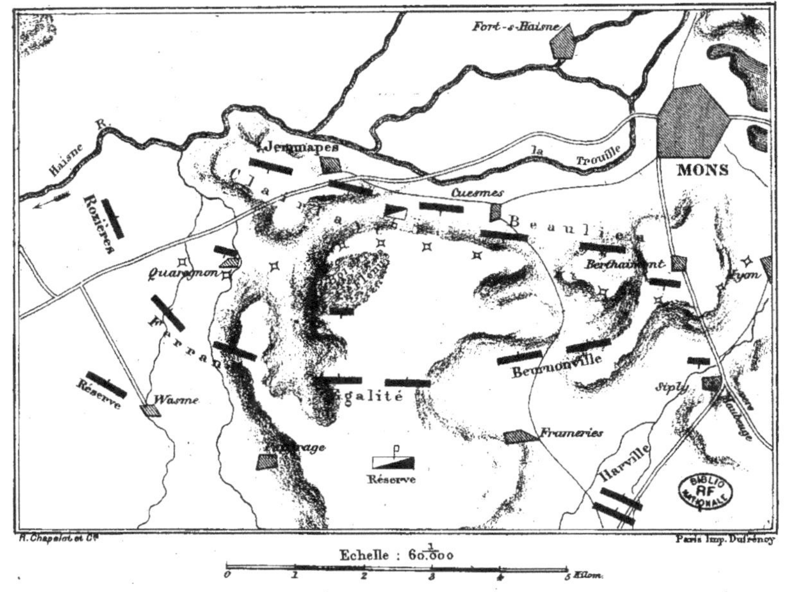

26 Juin 1794 — FLEURUS — 8 h. du matin.
Carte N.° 4
Frasnes
Sombreffe
Liberchies
Quasdanowitch
Wagnelée
Ligny
Piéton R.
Mellet
St Amand
Kaunitz
Championne
Thiméon
Morlot
Fleurus
Latour
Heppignies
A. Charles
Wanfercé
Gosselies
Wangenies
Lefebvre
Beaulieu
Kléber
Ransart
Traxégnies
Courcelles
Hatry
Lambusart
Orange
Montaigu
Jumet
Sambre R.
Forchies
Gilly
Pont-de-Loup
Fontaine-l'Évêque
Monceau
CHARLEROI
le Châtelet
R.te de Mons
Marchiennes
Montigny
Leernes
R. Chapelot et C.ie
Paris Imp. Dufrénoy
Echelle : 1/100.000
0   1   2   3   4   5 Kilom.

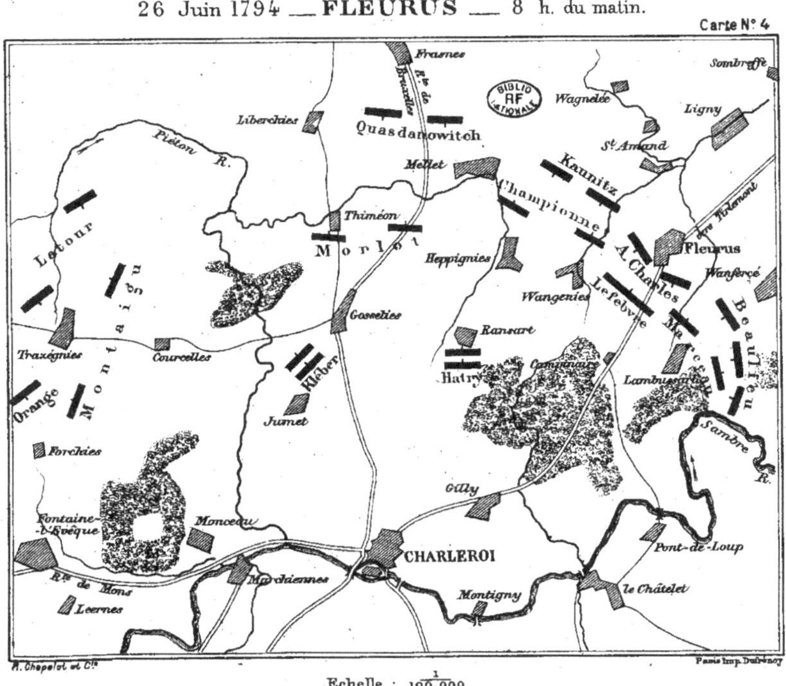

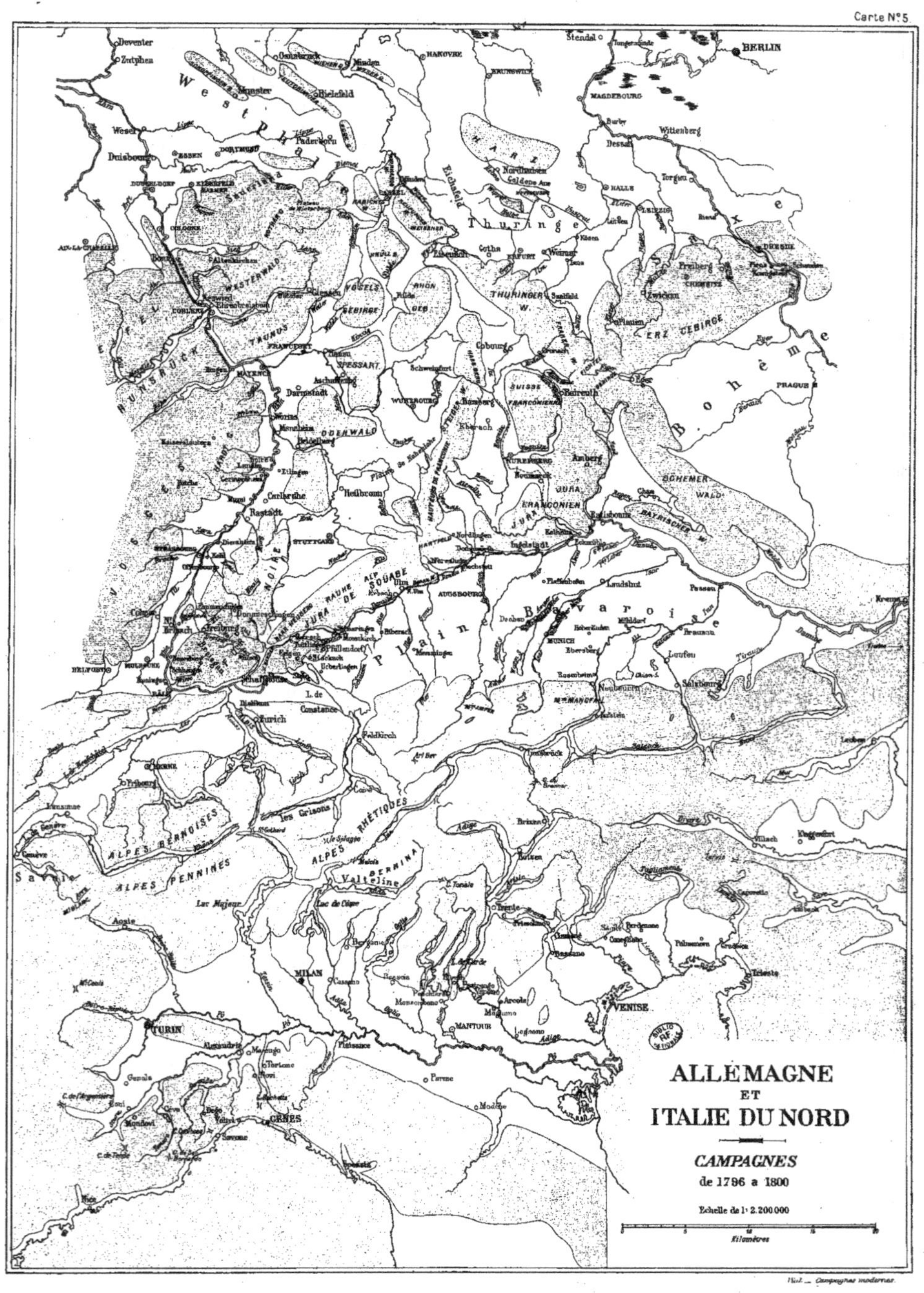
ALLEMAGNE
ET
ITALIE DU NORD
CAMPAGNES
de 1796 a 1800
Echelle de 1: 2.200.000
Kilomètres

CAMPAGNE DE 1796 EN ITALIE

(Opérations de Beaulieu, Wurmser, Alvinzi)

Carte N° 6

R. Chapelot et Cie

Echelle

0 10 20 K.

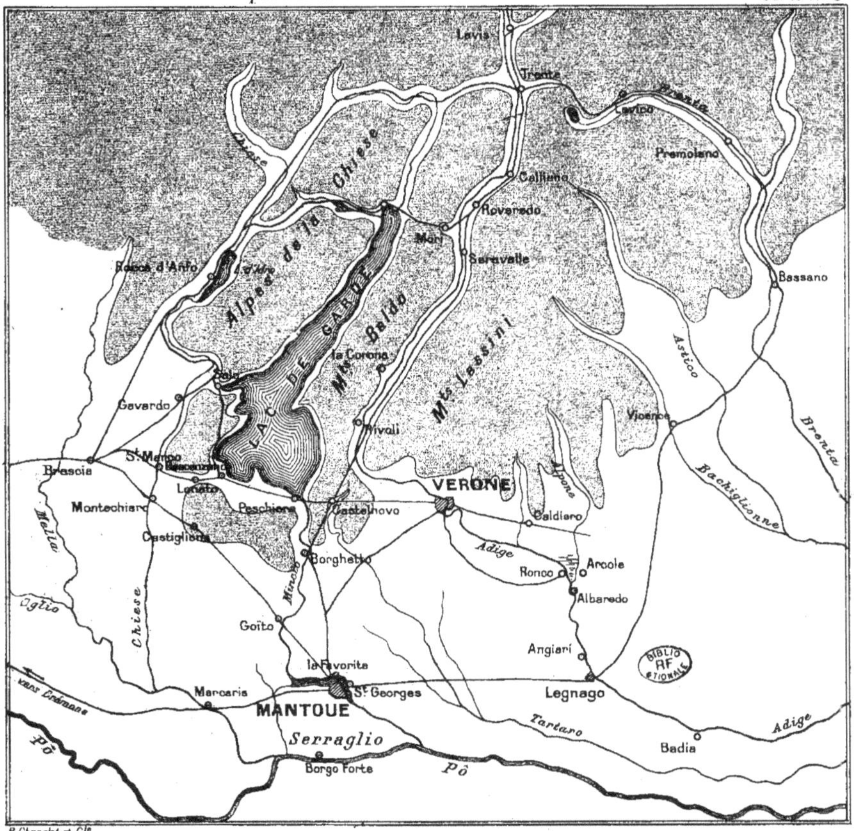

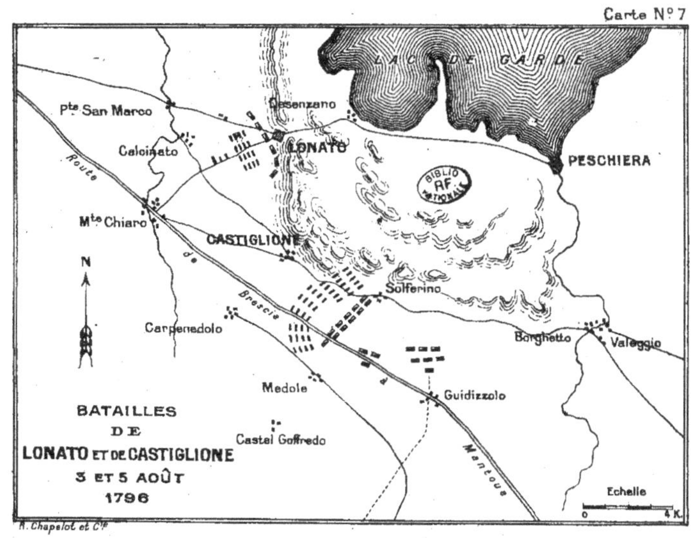

Carte N° 7

BATAILLES DE LONATO ET DE CASTIGLIONE 3 ET 5 AOÛT 1796

R. Chapelot et Cie

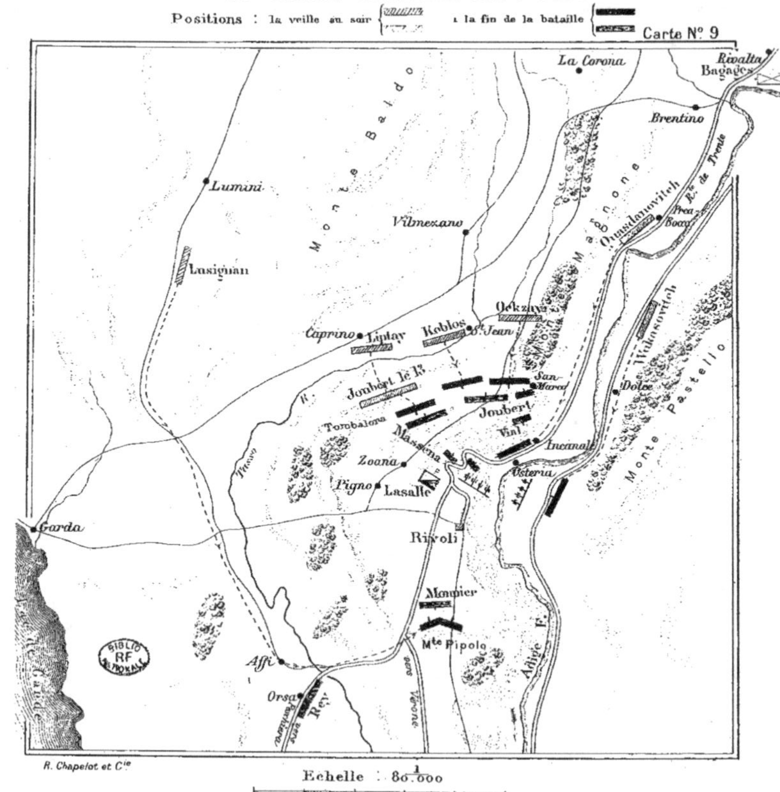

16 et 17 Novembre 1796 — ARCOLE — (Caldiero, 12 Novembre) Carte 8
Route de Vérone
Vicence
Gros de l'Armée
d'Alvinzi dans la nuit du 16.9bre
Caldiero
Position d'Alvinzi (27.000h) le 12.9bre
Retraite de Provera (17.9bre)
Villanova
St Bonifacio
Provera (15.9bre)
Massena dépasse Porcile le 16
repousse Provera le 17.9bre matin
et revient sur Arcole
Porcile
B.on de Croates
Alpona
Mitrawisky en retraite (17.9bre)
Massena
Bonaparte 15.9bre
ADIGE Fl.
Masséna 8h soir (17.9bre)
Albaro
Augereau 15.9
ARCOLE
Augereau 8h soir 17.9bre
Masséna
16.9bre
Augereau échoue devant Arcole 16.9bri
16.bre
Renco
16.9bre
Augereau Cav.ie Beaurevoir
pont jeté dans la nuit du 17
Garnison de Legnano arrivant soir le 17
½ Brig. Vial 16.9bre
Albaredo
Français   Autrichiens
15 Novembre
16   —   "
17   —   "
R. Chapelot et C.ie
Échelle approximative.
0   500   1000 Toises.

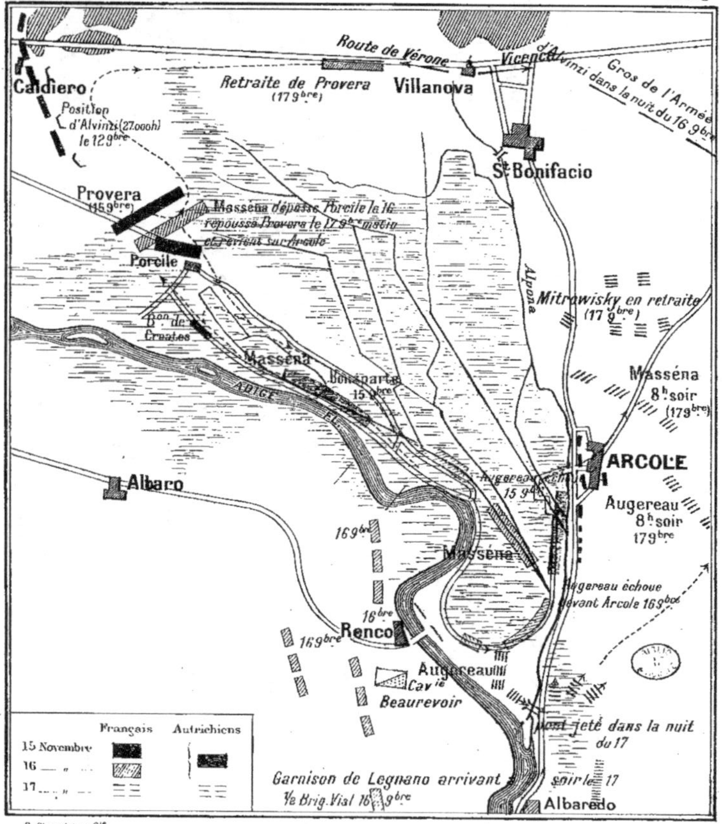

14 Janvier 1797. — RIVOLI
Positions : la veille au soir   à la fin de la bataille   Carte N.º 9
La Corona
Rivalta Bagages
Brentino
Monte Baldo
Lumini
Vilmezano
Lusignan
R.te de Trente
Quasdanovitch
Prea Boog
Oekzuya
Caprino   Liptay   Koblos   St Jean
Monte Magnone
San Marco
Dolce
Joubert le 13
Joubert Vial
Massena
Torobalona
Incanale
Monte Pastello
Wukasovitch
Zoana   Osteria
Pigno   Lasalle
Rivoli
Garda
Monnier
M.te Pipolo
Affi
Adige F.
Orsa   Rev
R.te de Verone
Garda Lac
BIBLIO RF NATIONALE
R. Chapelot et C.ie
Echelle : 1/80.000
0   1   2   3   4   5 Kilom.

R. Chapelot et Cie

3 Décembre 1800 — HOHENLINDEN

vers 7 heures du matin — Carte N° 11

R. Chapelot et Cie

vers midi — Carte N° 12

R. Chapelot et Cie

14 Juin 1800 — MARENGO — Vers 3 h. soir.

Carte N° 13

R. Chapelot et Cie

Echelle : $\frac{1}{50.000}$

0 1 2 3 4 5 Kilom.

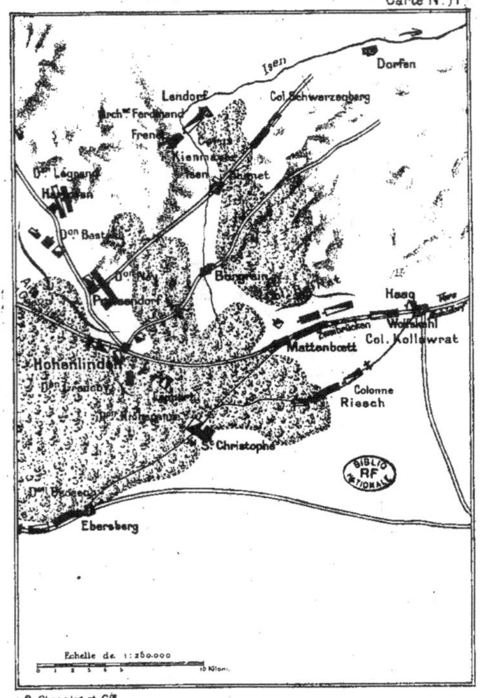

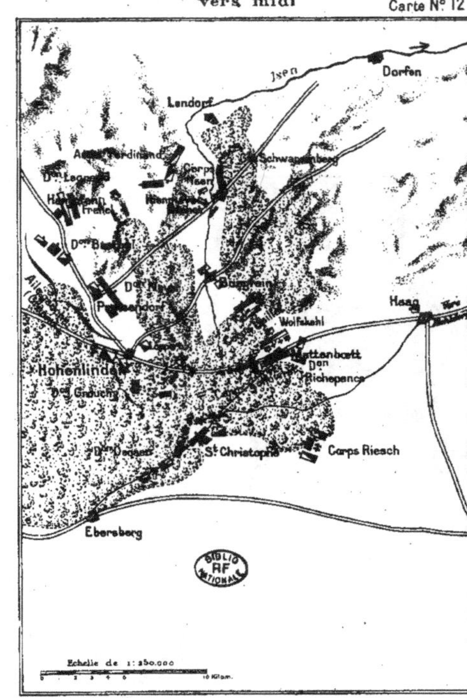

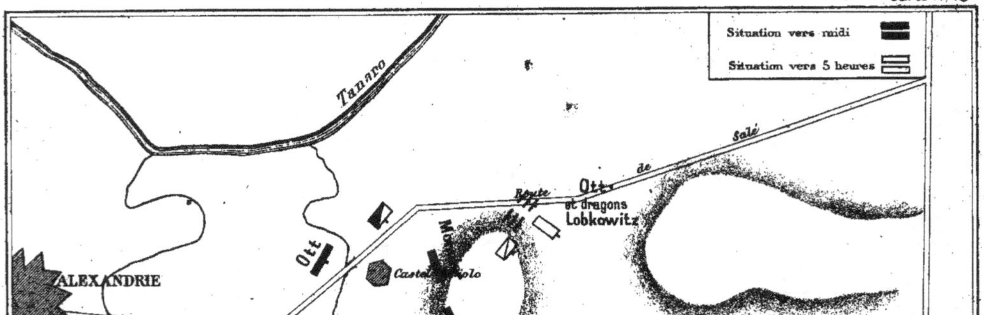

MARCHE DE LA GRANDE ARMÉE DU RHIN AU DANUBE
25 Septembre _ 7 Octobre 1805.
Carte N° 14

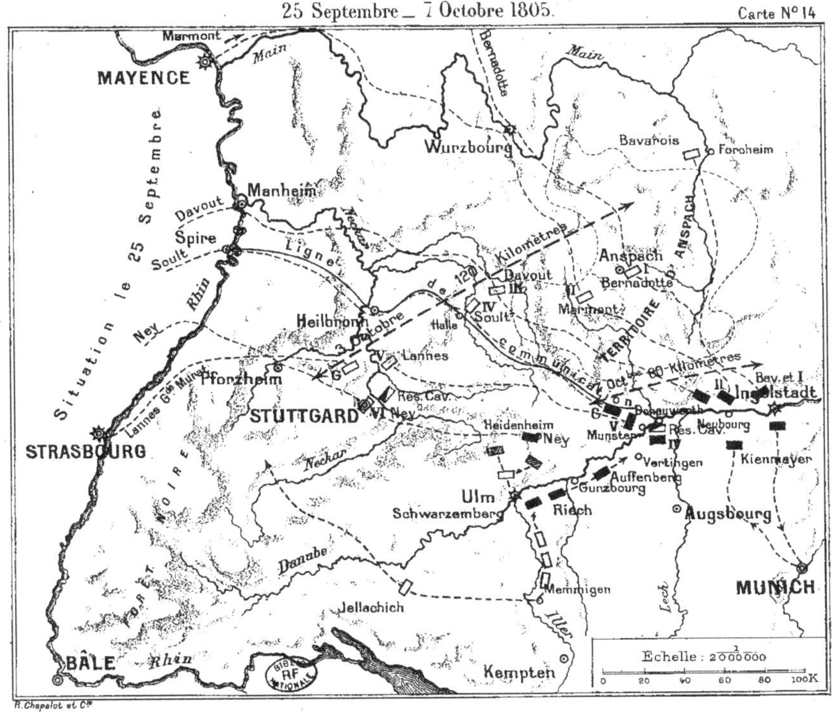

Marmont
MAYENCE
Main
Bernadotte
Main
Wurzbourg
Bavarois
Forcheim
Situation le 25 Septembre
Manheim
Davout
Spire
Soult
Anspach
Lignes
Davout
I
Bernadotte
III
II
Rhin
Heilbronn
Octobre
Halle
Soult
IV
Marmont
TERRITOIRE D'ANSPACH
Ney
Lannes Gde Murat
Pforzheim
de 120 Kilomètres
Kilomètres
Lannes
V
G
Res. Cav.
STUTTGARD
VI Ney
communication
Oct
80 Kilomètres
G
V
Bav. et I
II
Ingolstadt
Donauwerth
Heidenheim
Ney
Munster
Res. Cav.
Neubourg
IV
STRASBOURG
Neckar
Vertingen
Kienmayer
Auffenberg
FORÊT NOIRE
Ulm
Gunzbourg
Augsbourg
Schwarzemberg
Riech
Danube
Lech
MUNICH
Memmingen
Iller
Jellachich
BÂLE
Rhin
Kempten
Echelle : 1/2 000 000
0   20   40   60   80   100 K.
R. Chapelot et Cie

THÉÂTRE DES OPÉRATIONS DE 1805 EN ALLEMAGNE Carte N° 15

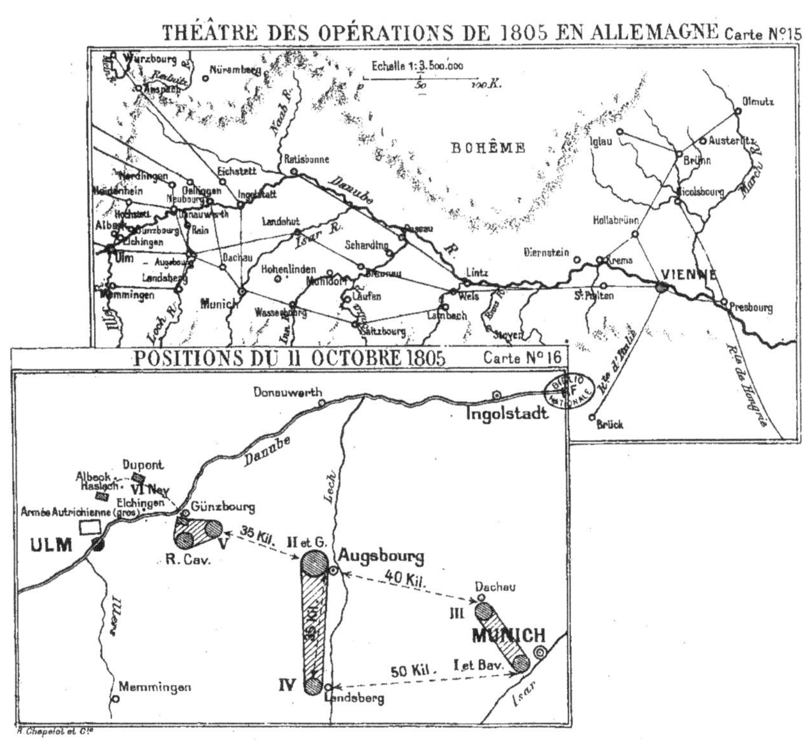

Wurzbourg
Nüremberg
Anspach
Echelle 1:3.500.000
50   100 K.
Raab R.
BOHÊME
Olmutz
Ratisbonne
Iglau
Austerlitz
Nördlingen
Eichstett
Brünn
March R.
Heidenheim
Oettingen
Neubourg
Ingolstatt
Danube
Nicolsbourg
Hochstett
Donauwerth
Hollabrünn
Albeck
Gunzbourg
Rain
Landshut
Dürnstein
Elchingen
Ulm
Augsbourg
Dachau
Passau
Schardingen
Krems
VIENNE
Landsberg
Hohenlinden
Brenau
Lintz
St. Polten
Presbourg
Memmingen
Munich
Laufen
Wels
Iller R.
Lech R.
Inn R.
Wasserbourg
Lambach
Steyer
Salzbourg
Rte d'Italie
Rte de Hongrie
Brück

POSITIONS DU 11 OCTOBRE 1805 Carte N° 16
Donauwerth
Ingolstadt
Dupont
Albeck
Haslach
VI Ney
Danube
Elchingen
Günzbourg
Lech
Armée Autrichienne (gros)
ULM
V
35 Kil.
II et G.
R. Cav.
Augsbourg
40 Kil.
Dachau
III
Iller
MUNICH
IV
50 Kil.
I et Bav.
Memmingen
Landsberg
Isar
R. Chapelot et Cie

HISTOIRE ABRÉGÉE

DES

CAMPAGNES MODERNES

PAR

J. VIAL

Colonel d'État-Major en retraite

Ancien Professeur d'art et d'histoire militaires à l'École d'application d'État-Major

COMPLÉTÉE ET MISE A JOUR

Par son Fils **C. VIAL**

Chef d'escadron au 15ᵉ régiment d'artillerie

SIXIÈME ÉDITION

ATLAS

CONTENANT 127 CARTES EN COULEURS ET EN NOIR

et des **TABLEAUX** récapitulatifs des Campagnes

PARIS

LIBRAIRIE MILITAIRE R. CHAPELOT ET Cⁱᵉ

IMPRIMEURS-ÉDITEURS

30, Rue et Passage Dauphine, 30

1911

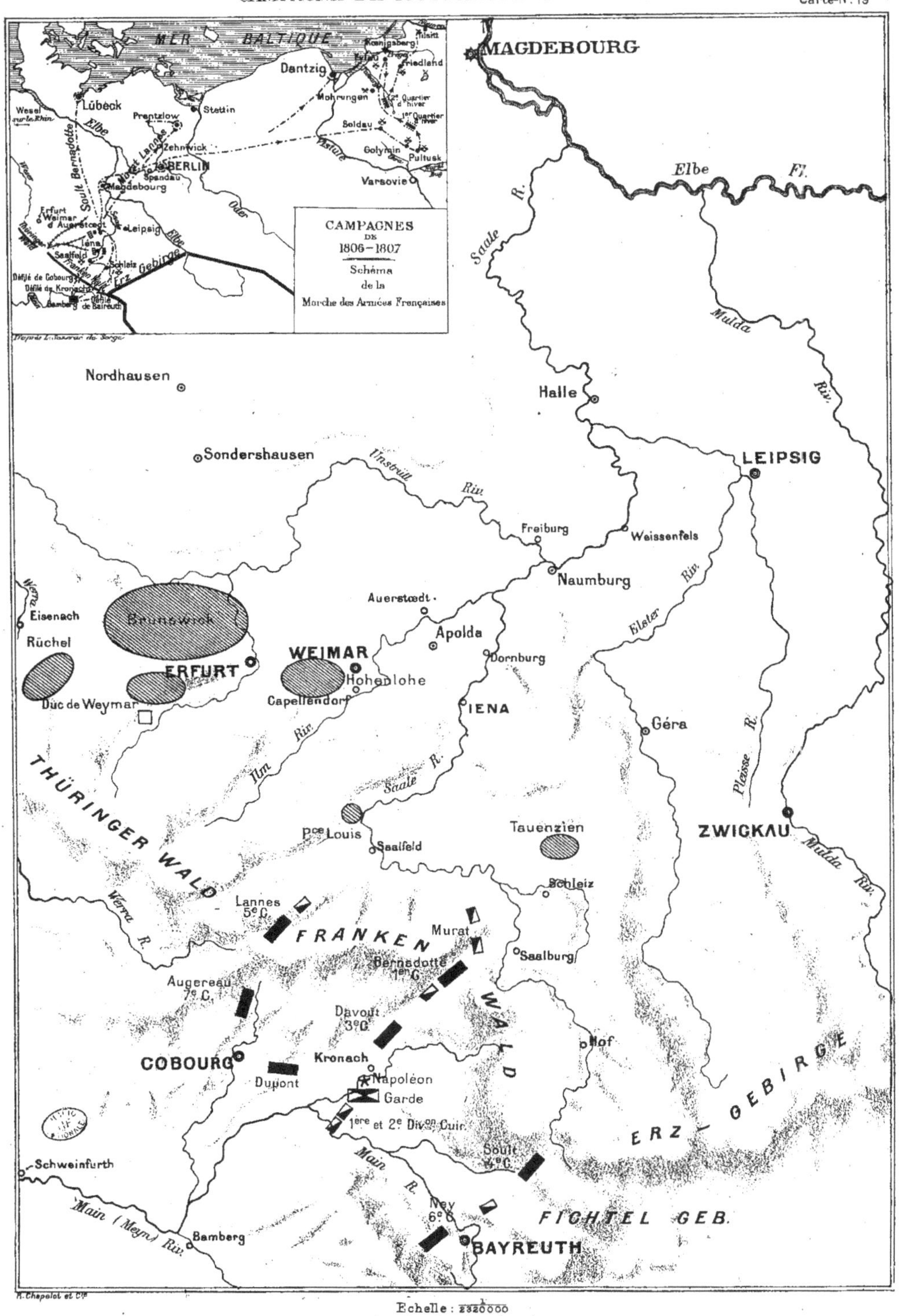
MER BALTIQUE
Dantzig
Königsberg
Tilsitt
Friedland
Mohrungen
2e Quartier d'hiver
1er Quartier d'hiver
Soldau
Lübeck
Prentzlow
Stettin
Golymin
Pultusk
Wesel sur le Rhin
Elbe
Zehnwick
Varsovie
BERLIN
Spandau
Magdebourg
Oder
Erfurt
Weimar
d'Auerstædt
Leipsig
Iena
Saalfeld
Schleiz
Erz Gebirge
Défilé de Cobourg
Défilé de Kronach
Bamberg
Défilé de Bayreuth
CAMPAGNES
DE
1806—1807
Schéma
de la
Marche des Armées Françaises
MAGDEBOURG
Elbe Fl.
Saale R.
Mulda Riv.
Nordhausen
Halle
Sondershausen
LEIPSIG
Unstrutt Riv.
Freiburg
Weissenfels
Naumburg
Auerstædt
Apolda
Eister Riv.
Brunswick
Dornburg
WEIMAR
Eisenach
ERFURT
Hohenlohe
Rüchel
IENA
Duc de Weymar
Capellendorf
Géra
Plasse R.
Ilm Riv.
Saale R.
THÜRINGER WALD
Saale R.
Pce Louis
Saalfeld
Tauenzien
ZWICKAU
Mulda Riv.
Werra R.
Schleiz
Lannes
5e C.
FRANKEN
Murat
Augereau
7e C.
Bernadotte
1er C.
Saalburg
WALD
Davout
3e C.
Hof
COBOURG
Kronach
ERZ — GEBIRGE
Dupont
Napoléon
Garde
1ere et 2e Divon Cuir.
Schweinfurth
Soult
4e C.
Main R.
Ney
6e C.
FICHTEL GEB.
Main (Meyn) Riv.
Bamberg
BAYREUTH
Echelle : 2320000
0   20   40   60   80   160 K

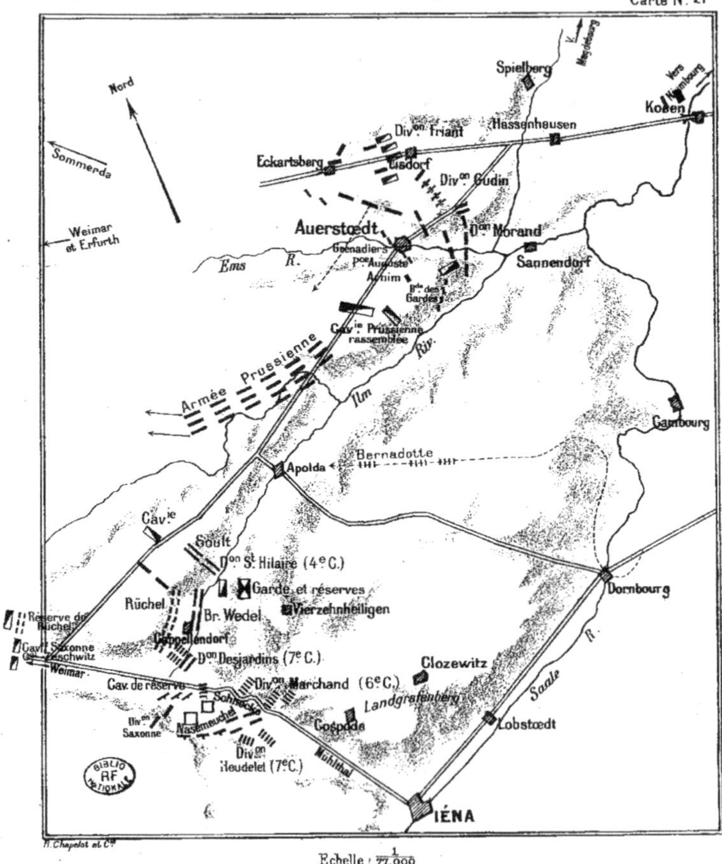

14 Octobre 1806.— IÉNA et AUERSTŒDT

Situation vers 10h. du matin.
Carte No 20

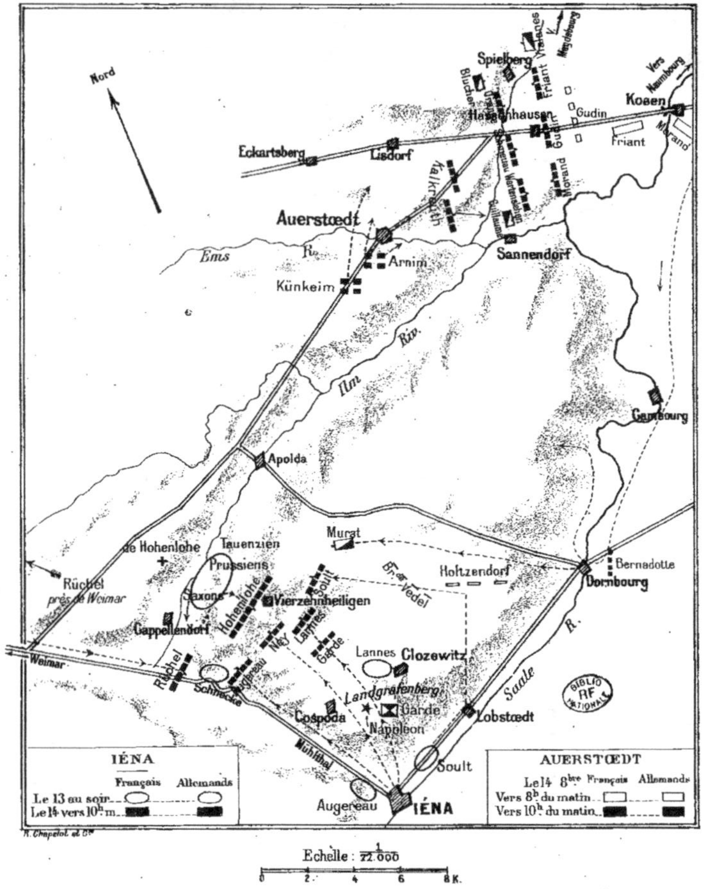

Situation vers 3h½ de l'après-midi
Carte No 21

Nord
Spielberg
Friant Vialanes
Blücher
Vers Naumbourg
Koeen
Hassenhausen
Gudin
Friant
Eckartsberg
Lisdorf
Kalkreuth
Morand
Auerstœdt
Arnim
Sannendorf
Künkeim
Ems R.
Ilm Riv.
Gambourg
Apolda
Murat
de Hohenlohe
Tauenzien
Prussiens
Holtzendorf
Bernadotte
Dornbourg
Rüchel près de Weimar
Saxons
Vierzehnheiligen
Gr. de Wedel
Cappellendorf
Ney
Lannes
Gap de
Lannes Clozewitz
Weimar
Rüchel
Schnecke
Landgrafenberg
Garde
Cospœda
Napoléon
Lobstœdt
Saale R.
Mühlthal
Soult
Augereau
IÉNA

IÉNA
Français   Allemands
Le 13 au soir
Le 14 vers 10h m.

AUERSTŒDT
Le 14 8bre Français Allemands
Vers 8h du matin.
Vers 10h du matin.

R. Chapelot et Cie
Echelle : 1/72.000
0 2 4 6 8 K.

Nord
Sommerda
Weimar et Erfurth
Spielberg
Vers Naumbourg
Koeen
Div. on Friant
Hassenhausen
Eckartsberg
Lisdorf
Div. on Gudin
Div. on Morand
Auerstœdt
Grenadiers
Pce Auguste
Arnim
Bde des Gardes
Sannendorf
Ems R.
Cav.ie Prussienne rassemblée
Armée Prussienne
Ilm Riv.
Gambourg
Bernadotte
Apolda
Cav.ie
Soult
D. on St Hilaire (4e C.)
Garde et réserves
Rüchel
Br. Wedel
Vierzehnheiligen
Réserve de Rüchel
Cav.ie Saxonne
Isserschwitz
Cappellendorf
D. on Desjardins (7e C.)
Clozewitz
Weimar
Cav. de réserve
Div. on Marchand (6e C.)
Schnecke
Landgrafenberg
Div. on Saxonne
Nasenmeuschel
Cospœda
Lobstœdt
Saale R.
Div. on Heudelet (7e C.)
Mühlthal
IÉNA

R. Chapelot et Cie
Echelle : 1/72.000
0 2 4 6 8 K.

1806 - 1807.

Carte N°22

H. Chapelot et Cie

14 Juin 1807 — **FRIEDLAND** — Vers 6 h. du soir.

Carte N°25

H. Chapelot et Cie

Echelle : $\frac{1}{65000}$

0 1 2 3 4 Kil.

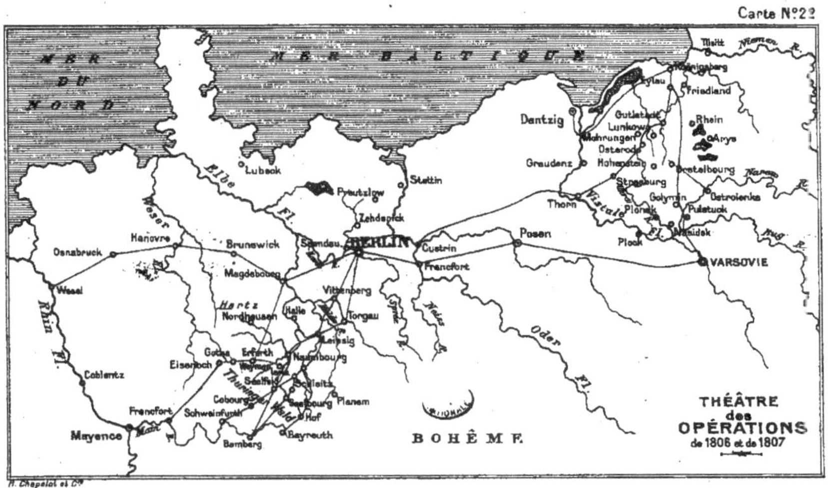

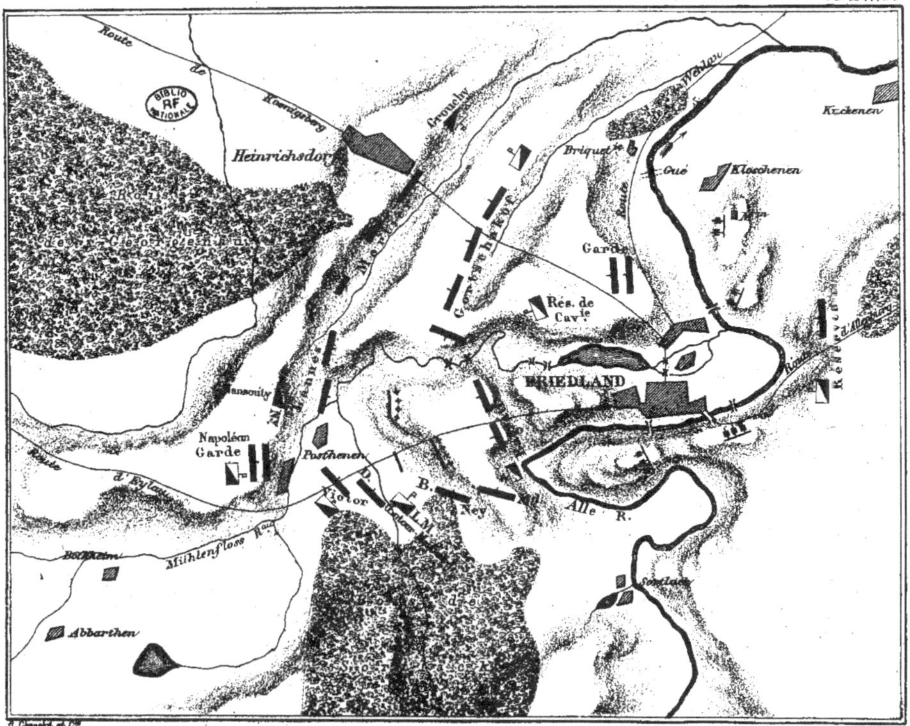

8 Février 1807.- EYLAU.- Vers 11 heures.

Carte N° 23

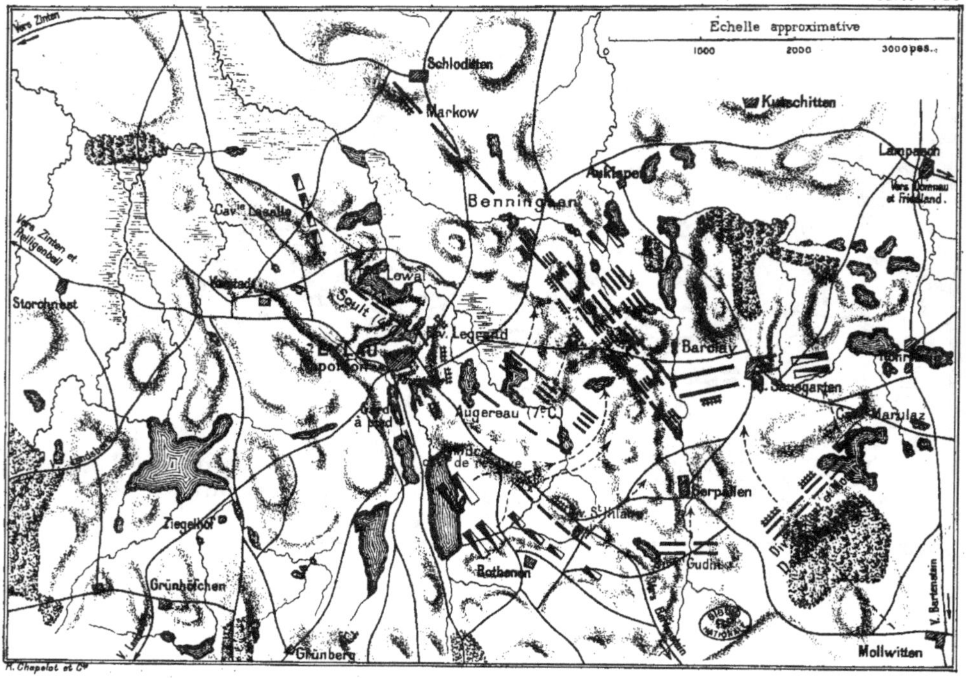

8 Février 1807.- EYLAU.- Vers 4 h. du soir.

Carte N° 24

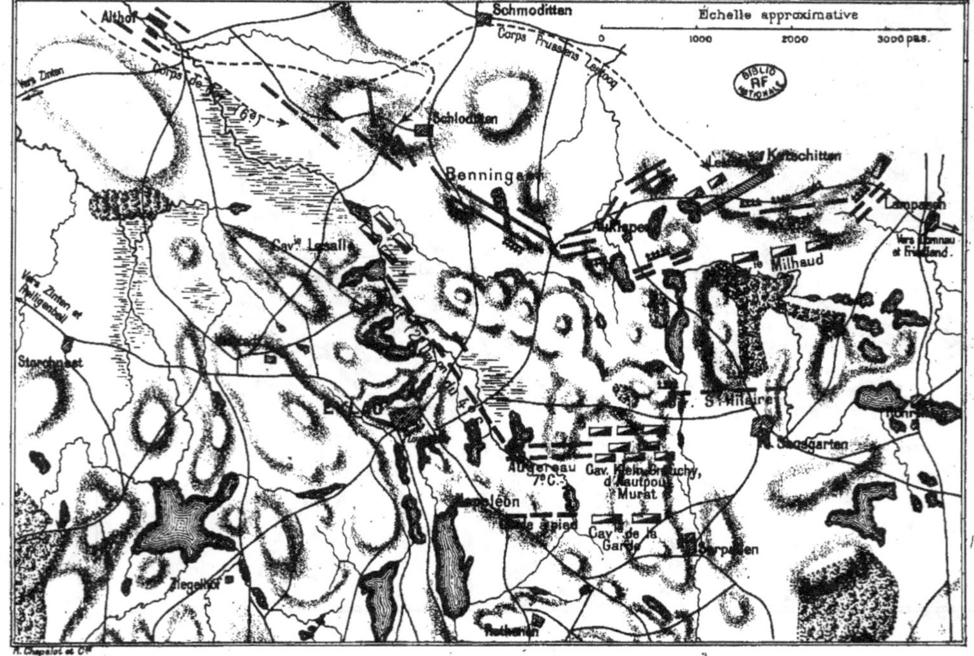

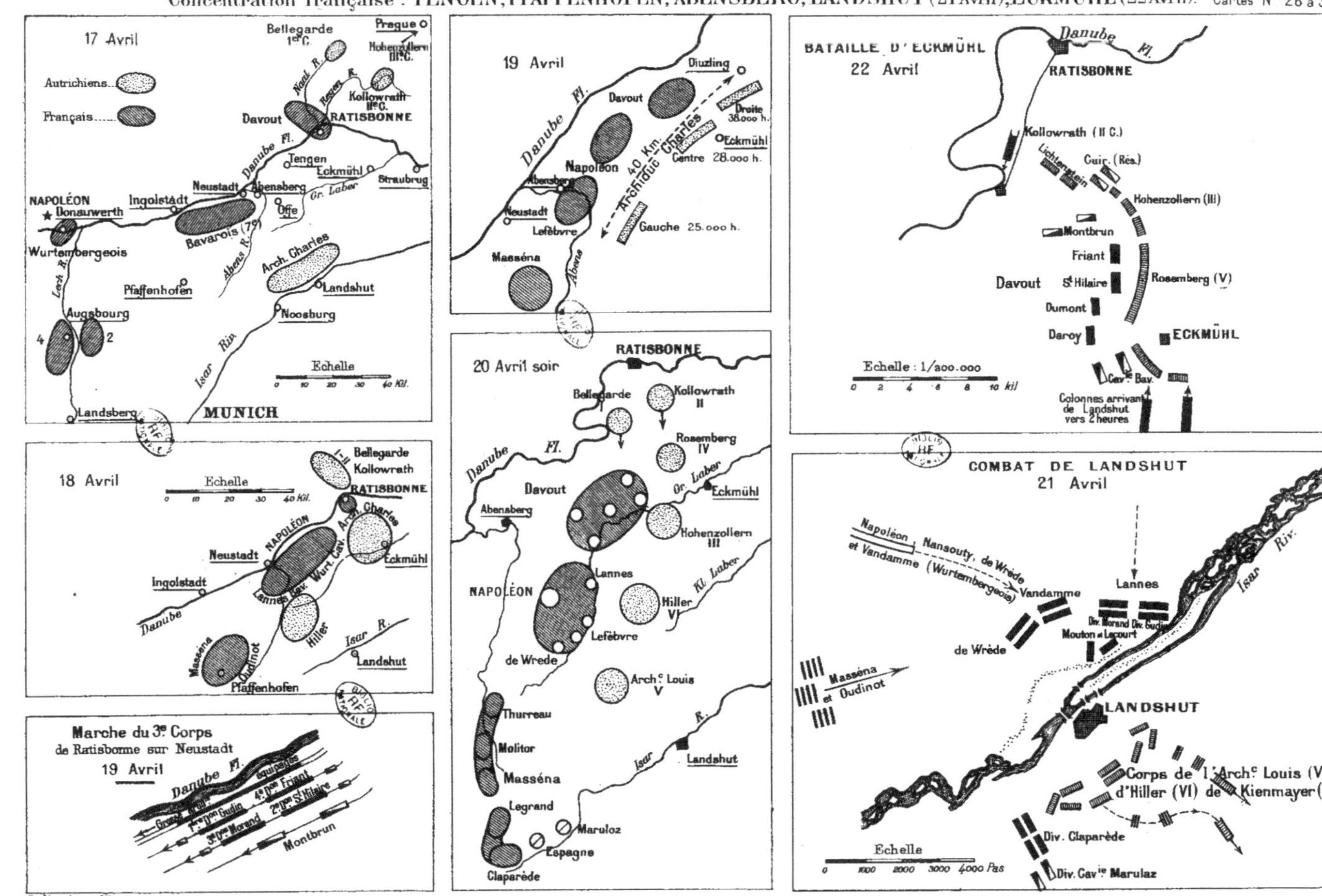

1809
Concentration française : TENGEN, PFAFFENHOFEN, ABENSBERG, LANDSHUT (21 Avril), ECKMÜHL (22 Avril). Cartes Nos 26 à 32
17 Avril
Autrichiens
Français
Bellegarde 1er C.
Hohenzollern III C.
Naal R.
Regen R.
Kollowrath II C.
Davout
RATISBONNE
Prague
Tengen
Eckmühl
Straubrug
Danube Fl.
Gr. Laber
NAPOLÉON
Donauwerth
Ingolstadt
Neustadt
Abensberg
Offe
Bavarois (7e)
Abens R.
Arch. Charles
Landshut
Wurtembergeois
Lech R.
Pfaffenhofen
Noosburg
Augsbourg
4 2
Isar Riv.
Echelle
0 10 20 30 40 Kil.
Landsberg
MUNICH
18 Avril
Echelle
0 10 20 30 40 Kil.
Bellegarde
Kollowrath
RATISBONNE
NAPOLÉON
Arch. Charles
Neustadt
Eckmühl
Lannes Cav. Wurt. Cav.
Ingolstadt
Danube
Hiller
Isar R.
Masséna
Oudinot
Landshut
Pfaffenhofen
Marche du 3e Corps
de Ratisbonne sur Neustadt
19 Avril
Danube Fl.
équipages
Gros Parc
1re Don Gudin
4e Don Friant
3e Don Morand
2e Don St Hilaire
Montbrun
19 Avril
Danube Fl.
Davout
Diuzling
Droite 38.000 h.
Napoléon
Archiduc Charles
40 Km.
Eckmühl
Centre 28.000 h.
Neustadt
Lefèbvre
Abens
Gauche 25.000 h.
Masséna
20 Avril soir
RATISBONNE
Bellegarde
Kollowrath II
Rosemberg IV
Danube Fl.
Davout
Gr. Laber
Eckmühl
Abensberg
Hohenzollern III
Lannes
Kl. Laber
NAPOLÉON
Hiller V
Lefèbvre
de Wrede
Arch. Louis V
Isar R.
Thurreau
Landshut
Molitor
Masséna
Legrand
Maruloz
Espagne
Claparède
BATAILLE D'ECKMÜHL
22 Avril
Danube Fl.
RATISBONNE
Kollowrath (II C.)
Lichtenstein
Cuir. (Rés.)
Hohenzollern (III)
Montbrun
Friant
Davout
St Hilaire
Rosemberg (V)
Dumont
Daroy
ECKMÜHL
Cav. Bav.
Echelle : 1/300.000
0 2 4 6 8 10 kil.
Colonnes arrivant
de Landshut
vers 2 heures
COMBAT DE LANDSHUT
21 Avril
Napoléon Nansouty, de Wrède
et Vandamme (Wurtembergeois) Vandamme
Lannes
Isar Riv.
de Wrède
Div. Morand Div. Gudin
Mouton et Lecourt
Masséna
et Oudinot
LANDSHUT
Corps de l'Archc Louis (V)
d'Hiller (VI) de Kienmayer (IIR)
Div. Claparède
Echelle
0 1000 2000 3000 4000 Pas
Div. Cavie Marulaz
R. Chapelot et Cie

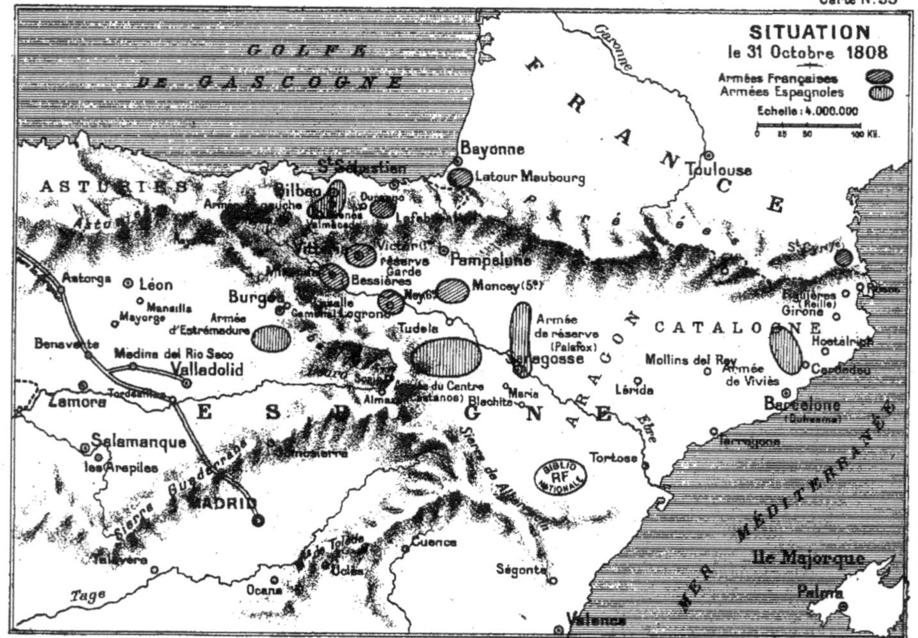
CAMPAGNE DE NAPOLÉON EN ESPAGNE (1808)
Carte N° 33
SITUATION
le 31 Octobre 1808
Armées Françaises
Armées Espagnoles
Echelle : 4.000.000
0   25   50   100 Kil.
GOLFE
DE GASCOGNE
FRANCE
Bayonne
Toulouse
St Sébastien
Latour Maubourg
ASTURIES
Bilbao
Durango
Armée gauche
Lefebvre
Valmaceda
Vittoria
Victor(I)
Pampelune
réserve
Garde
Bessières
Moncey (5°)
Astorga
Léon
Burgos
Ney (6°)
Manailla
Lasalle
Logrono
Mayorge
d'Estrémadure
Armée
Milans
St Cyr
CATALOGNE
ARAGON
Armée
de réserve
(Palafox)
Battières
(Reille)
Girone
Benavente
Medina del Rio Seco
Tudela
Saragosse
Mollins del Rey
Hostalrich
Valladolid
Armée
de Viviès
Cardedou
Lerida
Lamora
Tordesillas
ESPAGNE
Ordre du Centre
Maria
Belchite
Barcelone
(Duhesme)
Salamanque
Almaria (Castanos)
Tarragona
les Arapiles
Sierra Guadarrama
Tortose
MER MÉDITERRANÉE
MADRID
BIBLIO
RF
NATIONALE
Tolède
Cuenca
Velavera
Uclès
Ségonte
Ile Majorque
Ocana
Palma
Tage
Valence
R. Chapelot et C°.

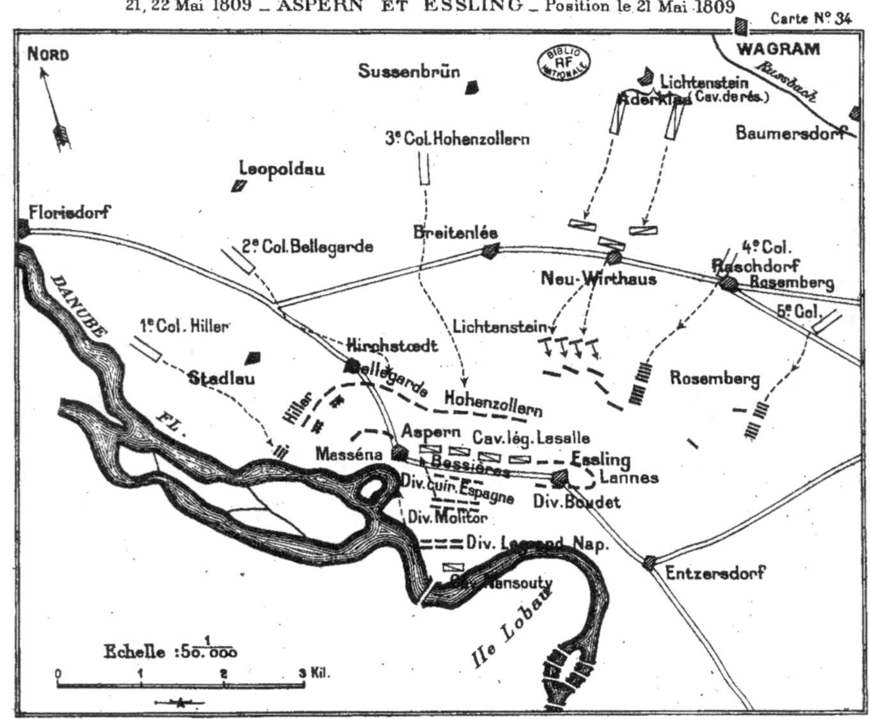
21, 22 Mai 1809 _ ASPERN ET ESSLING _ Position le 21 Mai 1809
Carte N° 34
NORD
WAGRAM
Sussenbrün
BIBLIO
RF
NATIONALE
Lichtenstein
Aderklaa (Cav. de rés.)
Baumersdorf
Rusbach
3° Col. Hohenzollern
Leopoldau
Breitenlée
4° Col.
Raschdorf
Rosemberg
2° Col. Bellegarde
Neu-Wirthaus
Florisdorf
5° Col.
DANUBE
1° Col. Hiller
Lichtenstein
Rosemberg
Hirschstœdt
FL.
Hiller
Bellegarde
Hohenzollern
Stadlau
Aspern
Cav. lég. Lasalle
Masséna
Bessières
Essling
Lannes
Div. cuir. Espagne
Div. Boudet
Div. Molitor
Div. Legrand Nap.
Entzersdorf
Nansouty
Ile Lobau
Echelle : 1/50.000
0   1   2   3 Kil.
R. Chapelot et Cie.

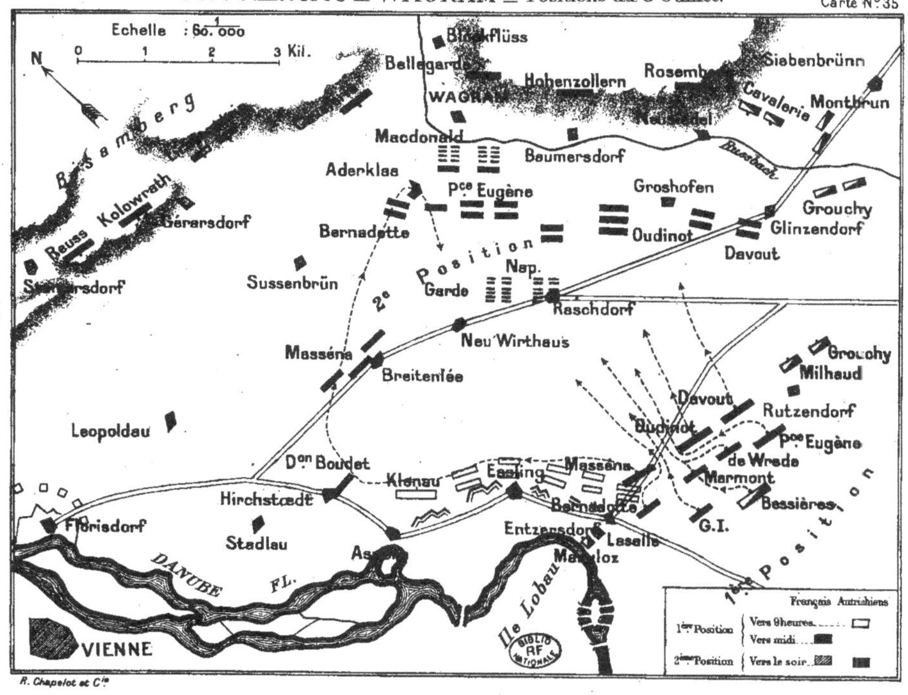
N
Echelle : 1/80.000
0　1　2　3 Kil.
Bisamberg
Reuss Kolowrath
Gérarsdorf
Stammersdorf
Leopoldau
Sussenbrün
Aderklaa
Bernadotte
2°
Bluchflüss
Bellegarde
WAGRAM
Hohenzollern
Macdonald
Baumersdorf
Pce Eugène
Groshofen
Rosemb
Siebenbrünn
Cavalerie
Monthrun
Neusiedel
Groshofen
Grouchy
Glinzendorf
Oudinot
Davout
Garde
Nap.
Position
Raschdorf
Neu Wirthaus
Masséna
Breitenlée
Grouchy
Milhaud
Davout
Rutzendorf
Don Boudet
Klenau
Essling
Masséna
Oudinot
Pce Eugène
de Wrede
Marmont
Bessières
Hirchstaedt
Stadlau
As
Entzensdorf
Bernadotte
Mannloz
Lasalle
G.I.
1re Position
Florisdorf
DANUBE FL.
Ile Lobau
VIENNE
Buserbach
Français　Autrichiens
1re Position { Vers 9 heures
Vers midi
2ème Position { Vers le soir
R. Chapelot et Cie

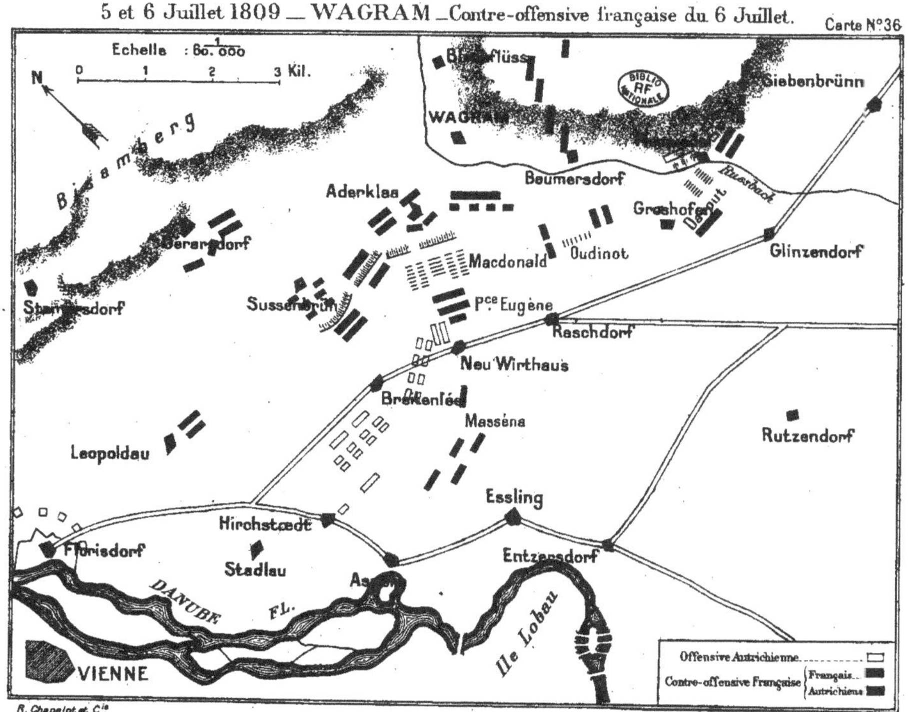
N
Echelle : 1/80.000
0　1　2　3 Kil.
Bisamberg
Gérarsdorf
Stammersdorf
Leopoldau
Aderklaa
Sussenbrün
Macdonald
Bluchflüss
WAGRAM
Baumersdorf
Groshofen
Oudinot
Davout
Siebenbrünn
Glinzendorf
Buserbach
Pce Eugène
Raschdorf
Neu Wirthaus
Breitenlée
Masséna
Rutzendorf
Essling
Hirchstaedt
Stadlau
As
Entzensdorf
Florisdorf
DANUBE FL.
Ile Lobau
VIENNE
Offensive Autrichienne
Contre-offensive française
Français
Autrichiens
R. Chapelot et Cie

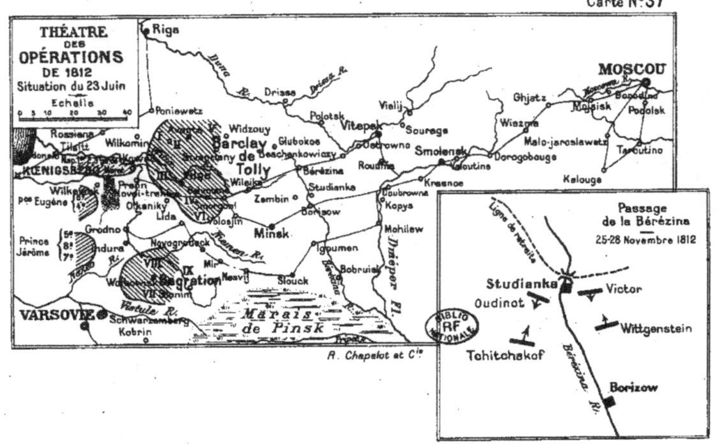

Carte N°37
THÉATRE DES OPÉRATIONS DE 1812
Situation du 23 Juin
Echelle
0 5 10 20 30 40
Riga
MOSCOU
Drissa
Düna R.
Dwina R.
Poniewetz
Drissa
Polotsk
Vitepsk
Vialij
Ghjatz
Mojaisk
Borodino
Podolsk
Widzouy
Glubokoe
Sourago
Wiazma
Rossiena
Tilsit
Wilkomir
any de Deschankowiozy
Ostrowno
Smolensk
Malo-jaroslawetz
Taroutino
Barclay de Tolly
KŒNIGSBERG
Bérézina
Roudnia
Valoutino
Dorogobouge
Kalouga
pce Eugène
Wilna
Wileika
Studianka
Krasnoe
Ouboborowna
Kopya
Novoi-treki
Oskaniky
Zembin
Borisow
Mohilew
Dnieper Fl.
Lida
Wolosjin
Minsk
Igoumen
Prince Jérôme
Grodno
Novogrodeck
Mir
Igoumen
Bobruisk
Nesvij
Slouck
Bagration
Marais de Pinsk
VARSOVIE
Schwarzemberg
Kobrin
Vistule R.
Niemen R.
R. Chapelot et Cie
Passage de la Bérézina
25-28 Novembre 1812
Ligne de retraite
Studianka
Oudinot
Victor
Wittgenstein
Tchitchakof
Bérézina R.
Borizow

7 Sep^bre 1812 — LA MOSKOVA — 5 heures du matin.

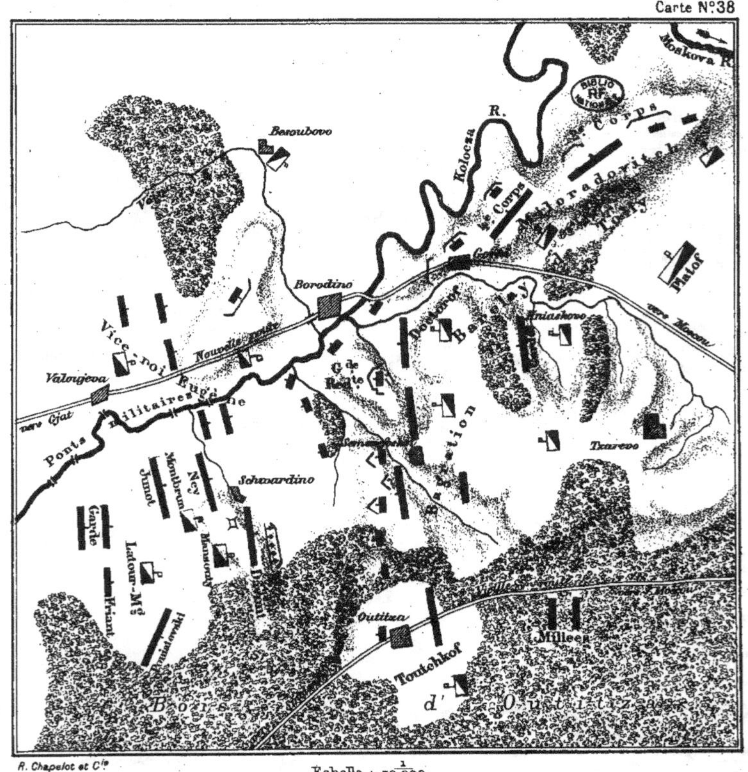

Carte N°38
Moskova R.
Besoubovo
Kolocza R.
Corps
Noradoritch
Kolocza R.
Platof
Borodino
Iniaskovo
Vice-roi Eugène
Nouvelle route
Valougeva
vers Gjat
Ponts militaires
G. de Reute
Bagration
Tzarevo
Ney
Schwardino
Montbrun
Junot
Gayle
Latour-Mg
Oütitza
Millee
Touchkof
Bois d' Oütitza
R. Chapelot et Cie
Echelle : 1/70.000
0 1 2 3 4 Kilom.

CAMPAGNE DE 1813

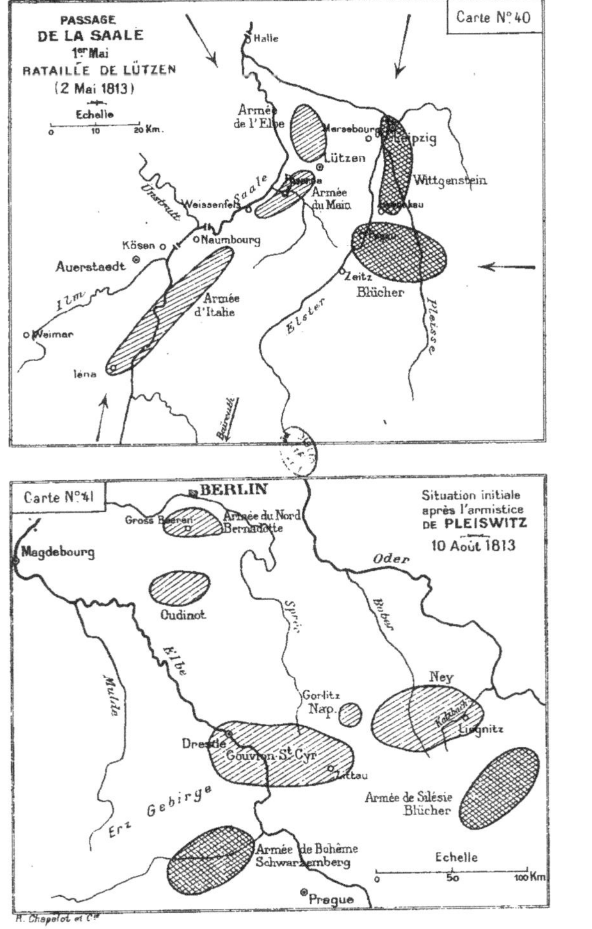

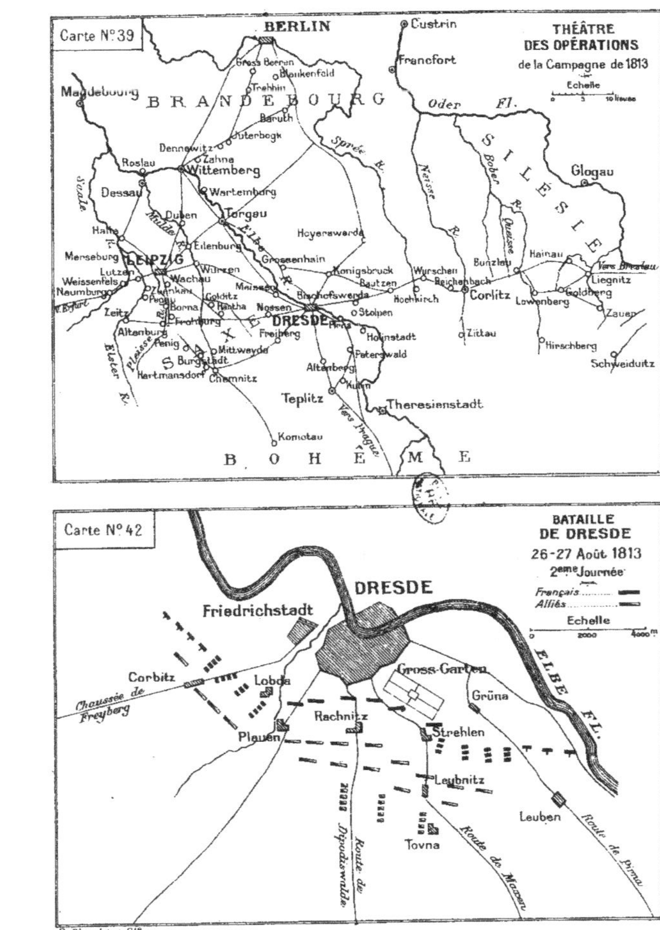

R. Chapelot et Cie

20 Mai 1813 — BAUTZEN — Positions à midi
Carte N°43

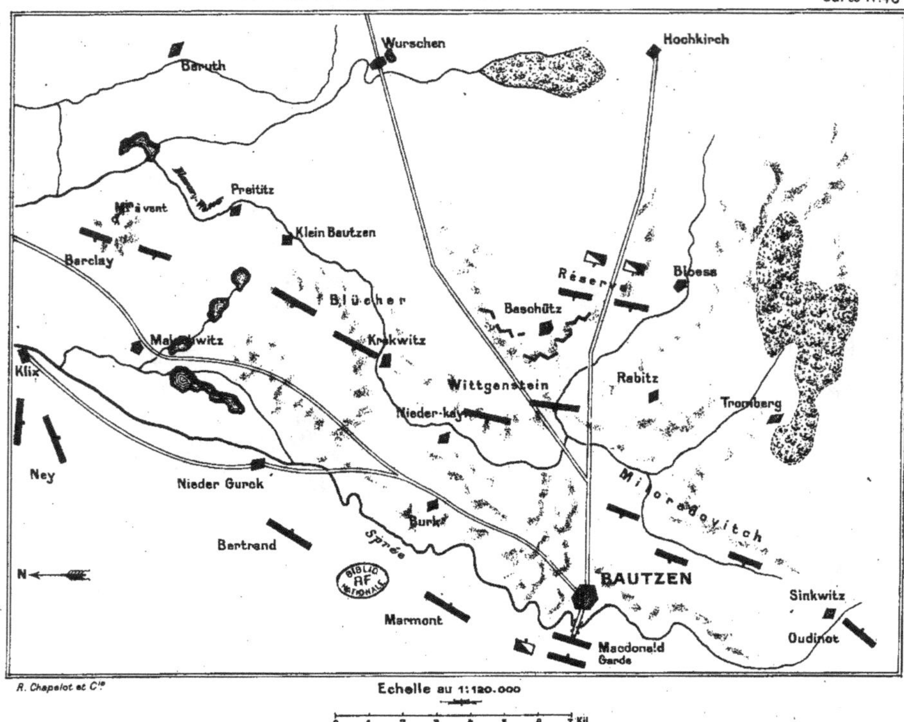
Baruth
Wurschen
Hochkirch
Preititz
Mlin à vant
Klein Bautzen
Barclay
Blücher
Réserve
Bloesa
Baschütz
Malschwitz
Krekwitz
Klix
Wittgenstein
Rabitz
Ney
Nieder-kayna
Tronberg
Nieder Gurck
Spree
Burk
Miloradowitch
Bertrand
N
Sinkwitz
Marmont
BAUTZEN
Macdonald
Garde
Oudinot
R. Chapelot et Cie
Echelle au 1:120.000
0 1 2 3 4 5 6 7 Kil.

21 Mai 1813 — BAUTZEN — Positions dans la matinée
Carte N°44

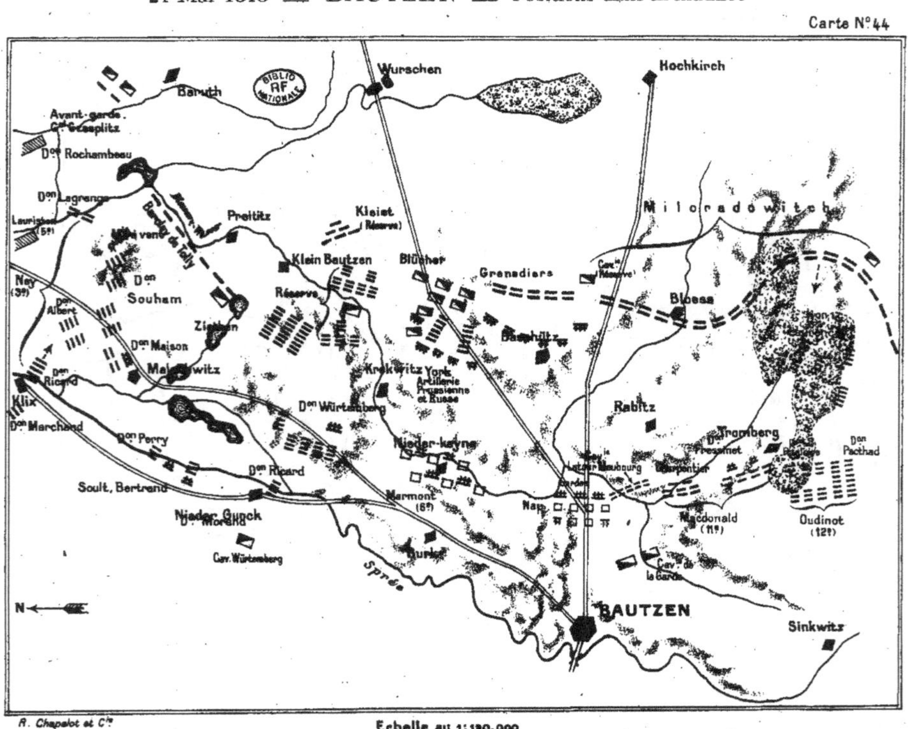
Baruth
Wurschen
Hochkirch
Avant-garde
Gal Grasplitz
Don Rochambeau
Don Lagrange
Preititz
Kleist
(Réserve)
Miloradowitch
Lauriston
(5e)
Mlin à vant
Klein Bautzen
Blücher
Grenadiers
Cav. Réserve
Ney
(3e)
Don Souham
Réserve
Bloesa
Don Albert
Ziethen
Baschütz
Don Maison
Krekwitz York
Malschwitz
Artillerie
Prussienne
et Russe
Don Ricard
Don Württemberg
Klix
Rabitz
Don Marchand
Tronberg
Don Perry
Don Presennet
Don Pacthod
Soult, Bertrand
Don Ricard
Nieder-kayna
Latour Maubourg
Carpentier
Nieder Gurck
Don Morand
Marmont
(6e)
Nap.
Macdonald
(11e)
Oudinot
(12e)
Cav. Württemberg
Spree
Burk
Cav. de
la garde
N
BAUTZEN
Sinkwitz
R. Chapelot et Cie
Echelle au 1:120.000
0 1 2 3 4 5 6 7 Kil.

16-17-18 Octobre 1813 — LEIPZIG — Positions le 16 au matin

Carte N°45

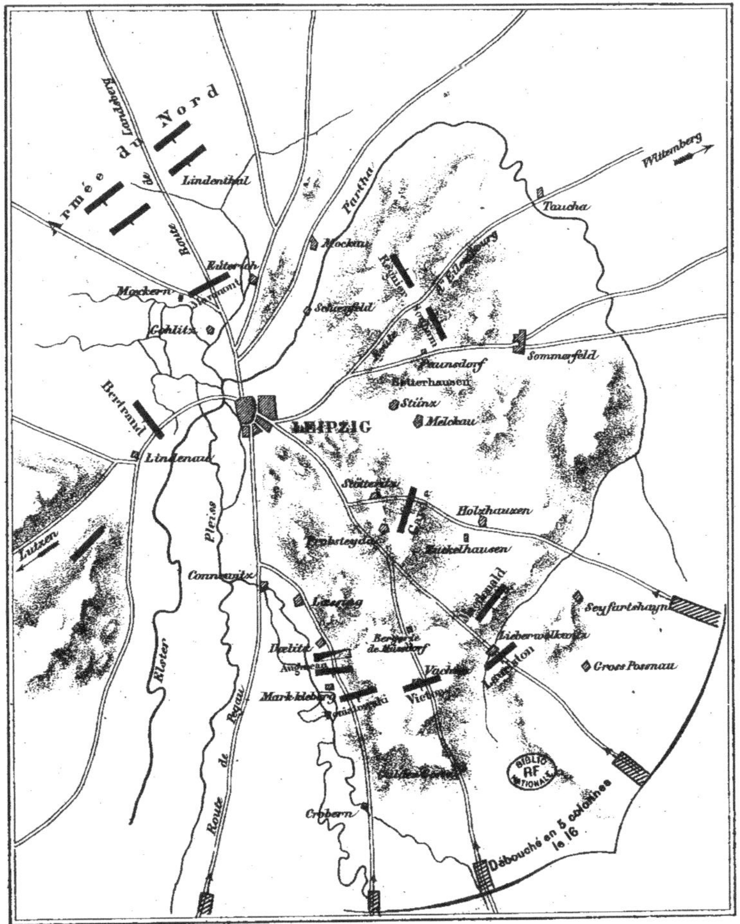

R. Chapelot et Cie

Echelle : 1/100.000

16-17-18 Octobre 1813 — LEIPZIG — Positions le 18 vers midi

Carte N°46

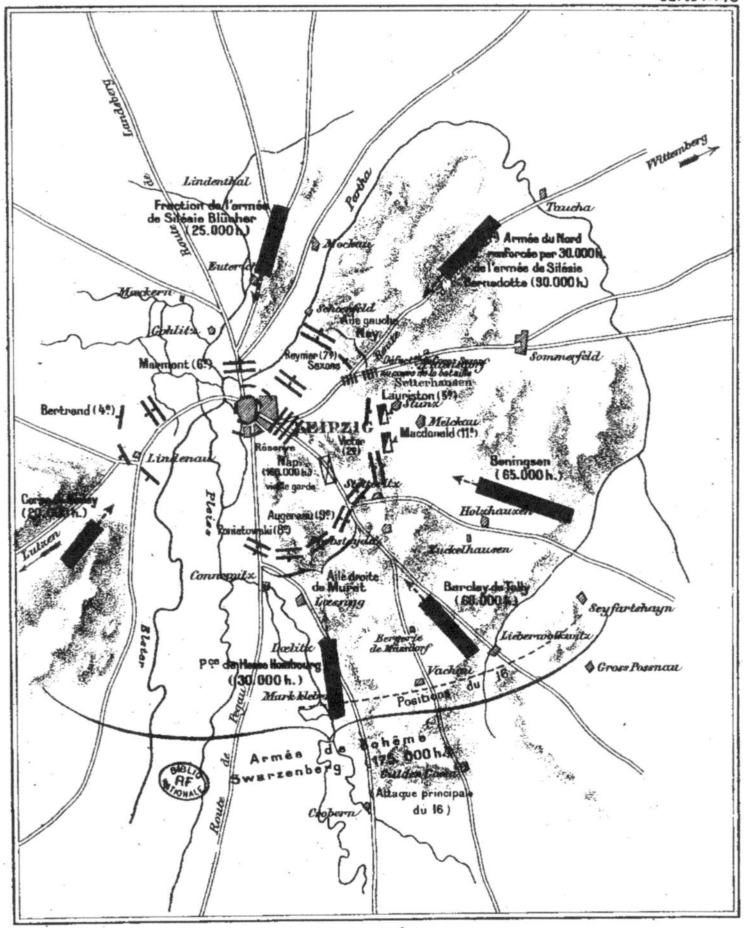

R. Chapelot et Cie

Echelle : 1/100.000

0 1 2 3 4 5 Kil.

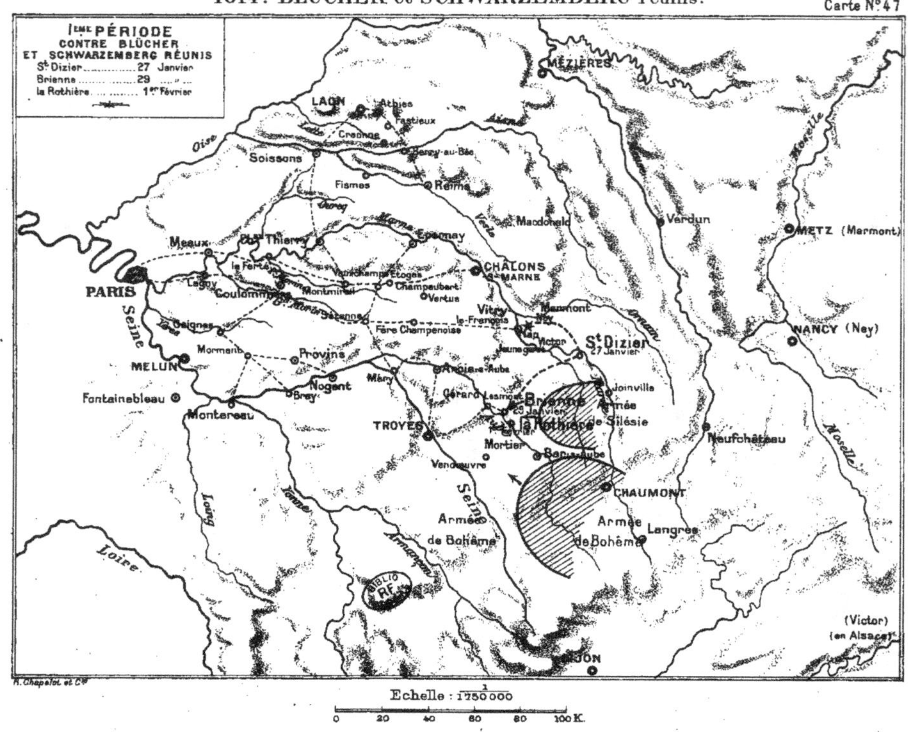
Ière PÉRIODE
CONTRE BLÜCHER
ET SCHWARZEMBERG RÉUNIS
St Dizier............27 Janvier
Brienne..............29 ......
la Rothière........1er Février
MÉZIÈRES
LAON
Athies
Fastieux
Craonne
Bery-au-Bac
Soissons
Fismes
Reims
Macdonald
Verdun
METZ (Marmont)
Épernay
Meaux
Ch. Thierry
la Ferté
Lagny
Vauxchamps Étoges
Coulommiers
Montmirail
CHÂLONS
s-MARNE
Champaubert
Vertus
PARIS
Seine
Montmirail
Vitry
le-François
Marmont
NANCY (Ney)
Sézanne
Fère Champenoise
Victor
St Dizier
27 Janvier
Daignes
Provins
Jaumeganx
MELUN
Mormant
Nogent
Méry
Arcis-s-Aube
Joinville
Fontainebleau
Bray
Gérard Lesmont
Brienne
29 Janvier
Armée
de Silésie
Montereau
la Rothière
TROYES
Mortier
Bar-s-Aube
Neufchâteau
Vendœuvre
CHAUMONT
Armée
de Bohême
Armée
de Bohême
Langres
(Victor)
(en Alsace)
DIJON
R. Chapelot et Cie
Echelle : 1/1750000
0   20   40   60   80   100 K.

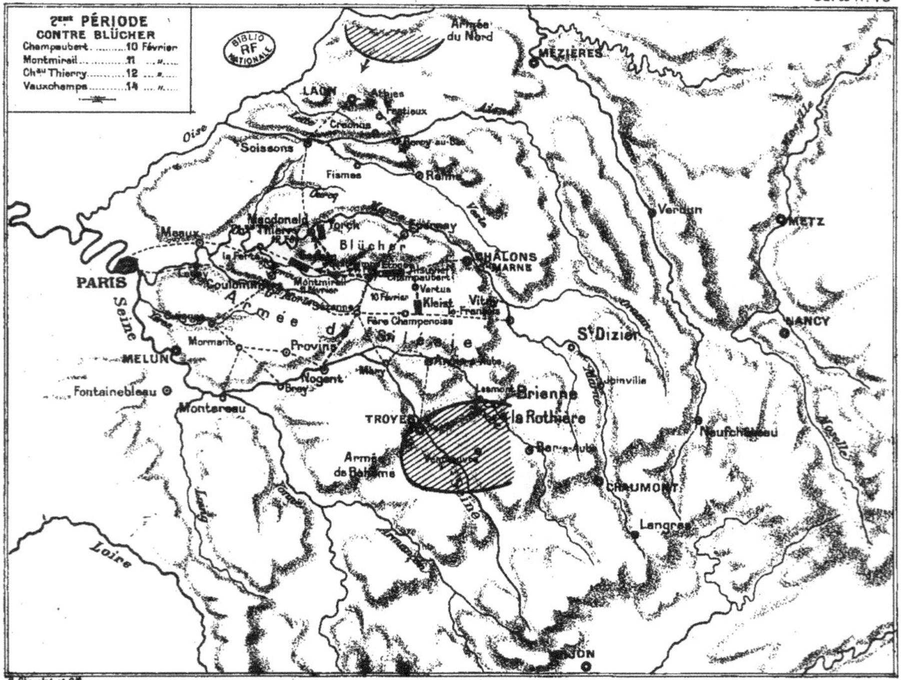

2ème PÉRIODE
CONTRE BLÜCHER
Champaubert.........10 Février
Montmirail............11 ...n...
Chau Thierry.........12 ...n...
Vauxchamps.........14 ...n...
Armée
du Nord
MÉZIÈRES
LAON
Athies
Fastieux
Craonne
Bery-au-Bac
Soissons
Fismes
Reims
Oise
Macdonald
York
Épernay
Meaux
Ch. Thierry
Blücher
Verdun
METZ
CHÂLONS
s-MARNE
Coulommiers
Montmirail
Champaubert
Vertus
PARIS
Seine
Armée
10 Février
Kleist
Vitry
le-François
Sézanne
Fère Champenoise
NANCY
d
Mormant
Provins
Silésie
St Dizier
MELUN
Nogent
Méry
Arcis-s-Aube
Joinville
Fontainebleau
Bray
Lesmont
Brienne
Montereau
TROYES
la Rothière
Armée
de Bohême
Bar-s-Aube
Neufchâteau
CHAUMONT
Loire
Langres
DIJON
R. Chapelot et Cie
Echelle : 1/1750000
0   20   40   60   80   100 K.

1814. Contre SCHWARZEMBERG. Carte N° 49

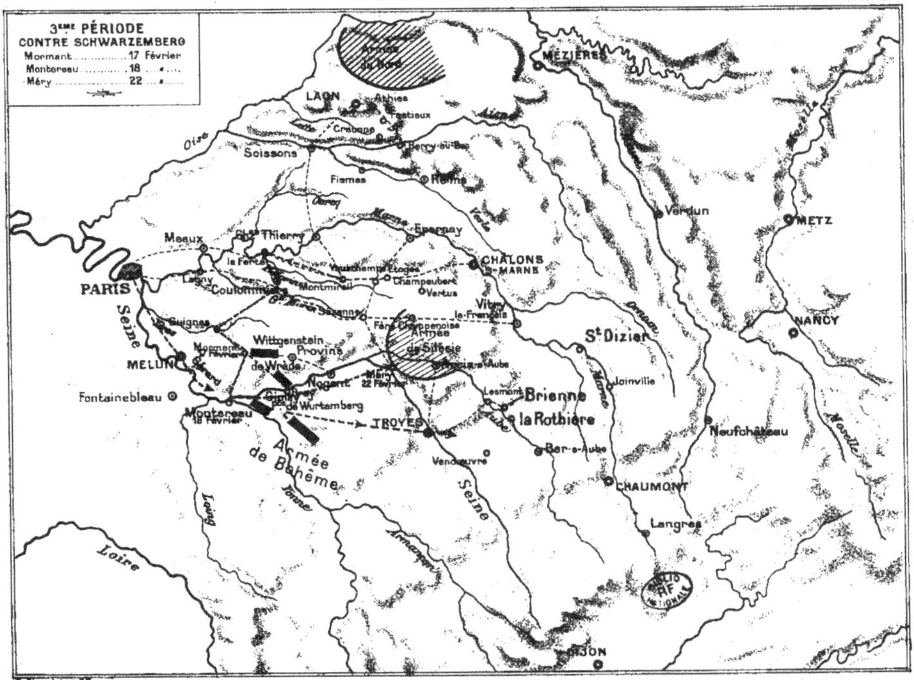

1814. Contre BLÜCHER et WINZINGERODE, contre SCHWARZEMBERG. Carte N° 50

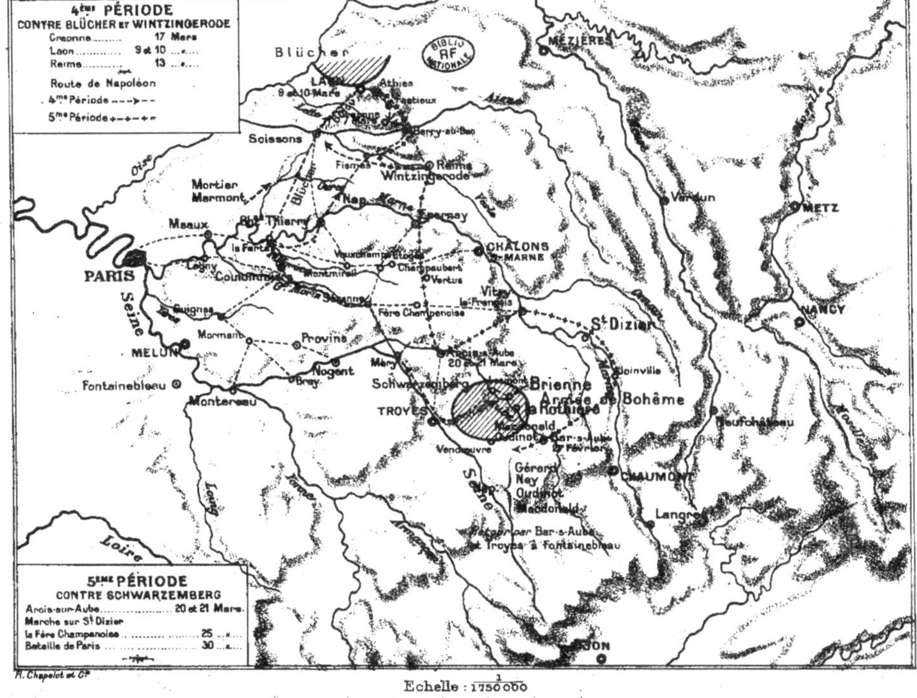

THÉÂTRE DES OPÉRATIONS DE 1815 — LIGNY ET LES QUATRE-BRAS (16 Juin 1815)
Carte N°51
Lord Uxbridge Cav.ie
HALL
Pce d'Orange I
Lord Hill II
Senne R.
SOIGNES
FORÊT
Wellington
Waterloo
Mt St Jean
Onain
Braine-l'Alleud
Belle Alliance
Wellington
Planchenois
Napoléon
Brunswick
Genappe
NIVELLES
Chaussée de
WELLINGTON
Prince d'Orange
les Quatre-Bras
B. de Bossut
Reille
NEY
Frasnes
Kellermann
Villers-Perwin
d'Erlon
Marbais
Tilly
Monthion
Chapelle St Lambert
Limale
Limelette
Moustier
Wavres
Trou Dehoux
R. de Lasne
Mt St Guilbert
Ziéthen
Pirch
Blücher
Nil St Vincent
Bülow
Thielmann
Sart-les-Walhain
Excelmans
Gembloux
Grouchy
Pirch
BLÜCHER
Sombreffe
Point du Jour
Namur
Ligny
St Amand
Vandamme
Garde
Gérard
GROUCHY
Tongrines
Fleurus
Gosselles
Ziéthen
CHARLEROI
Marchienne
Gilly
le Chatelet
Bülow
Pujol
NAMUR
Blücher
Fl.
la Meuse
Sambre R.
1a
Pirch II
Bülow II
Thielmann III
Ney Drouet d'Erlon
Napoléon Vandamme Lobau
Gérard

Français
Alliés
14 Juin 1815
16 "
17 " à 7h du soir

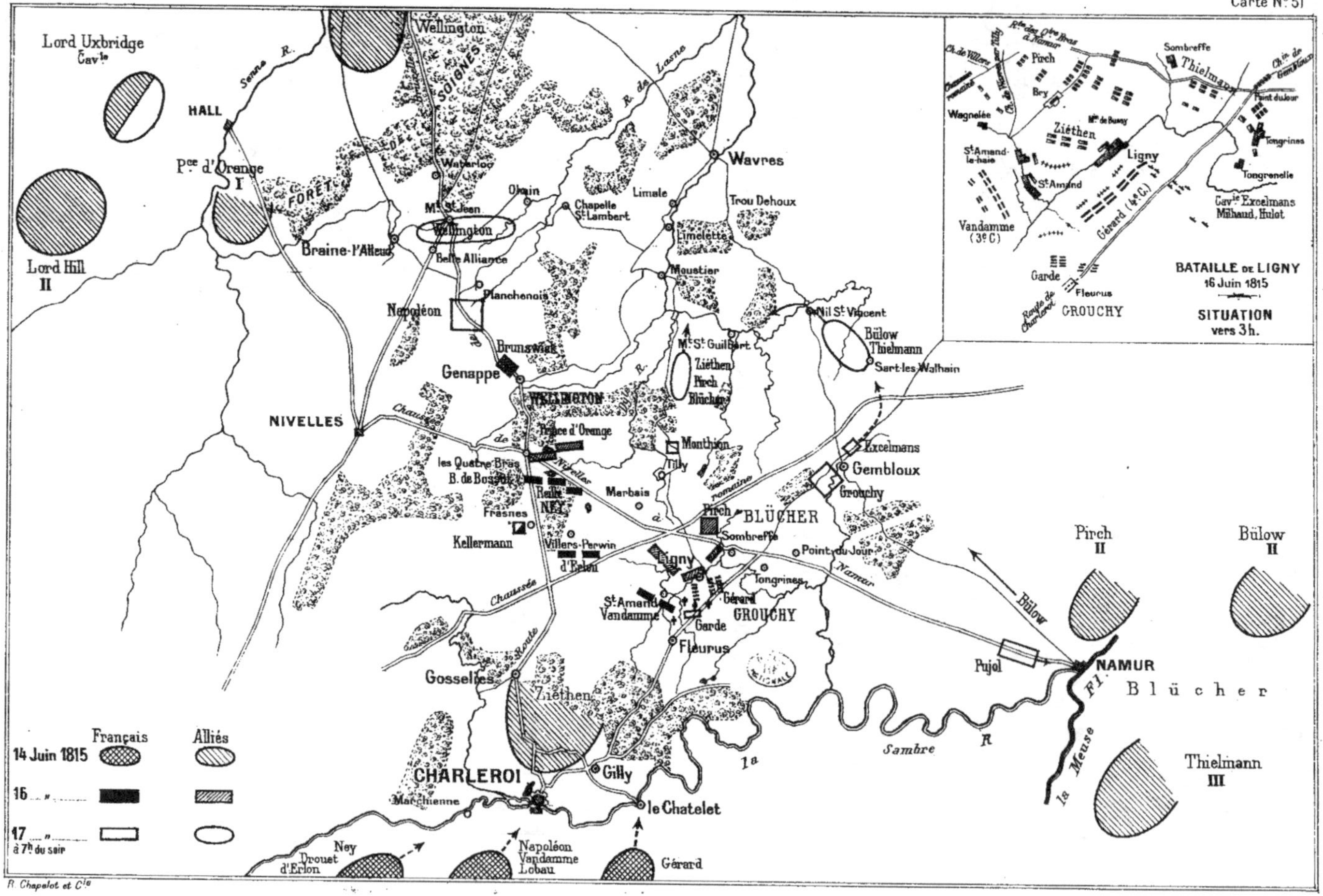

Echelle : au 1 : 260.000
0   5   10 K.

R. Chapelot et Cie

BATAILLE de LIGNY
16 Juin 1815
SITUATION vers 3 h.
Pirch
Sombreffe
Thielmann
Wagnelée
Bry
Mon de Busny
Ziéthen
St Amand-le-haie
St Amand
Ligny
Tongrines
Tongrenelle
Vandamme (3e C.)
Gérard (4e C.)
Cavie Excelmans Milhaud, Hulot
Point du Jour
Garde
Fleurus
Route de Charleroi
GROUCHY

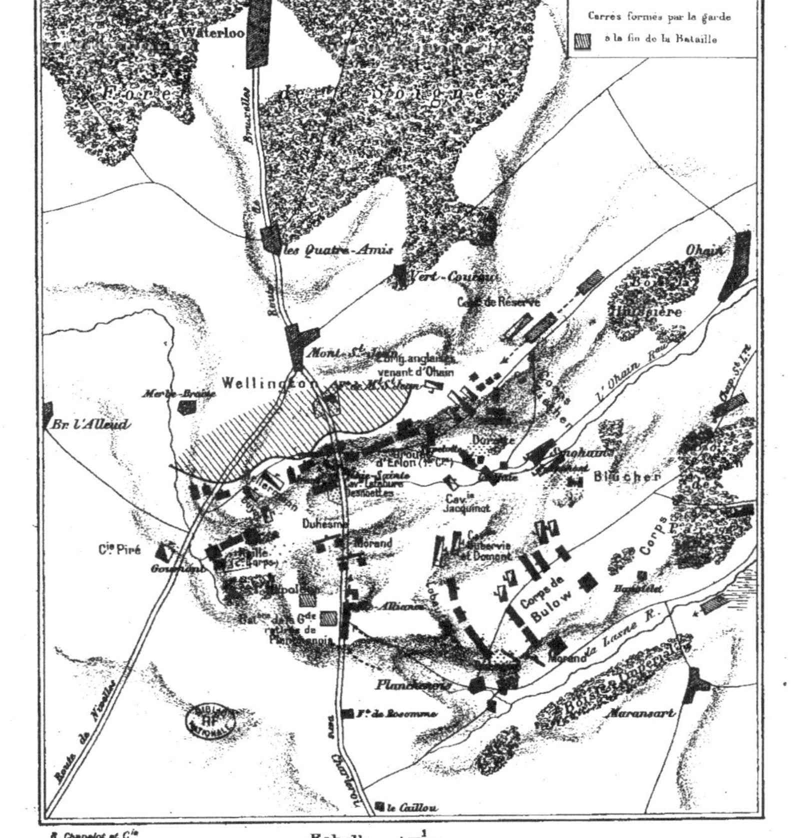

18 Juin 1815 — WATERLOO — midi
Carte N° 51
Positions: à midi
Français
Anglais
Waterloo
Forêt
Forêt de Soignes
Bruxelles
les Quatre-Amis
Vert-Coucou
Ohain
Bois de la Haie
Route
Général Hill
Rau
Mont St-Jean
Merbe-Braine
Ft de Mt St-Jean
Br. l'Alleud
Pieton
l'Ohain
Rau
Corps St-Lre
Smohain
La Haie
Jacquinot
Bois
Goumont
Br. d'Erlon
Milhaud
Piré
Reille
Aljava
Domont
Chef D.
la Dyle
Vir.
Kellermann
Garde
Planchenois
Bois de Paris
Guyot
Ft de Rosomme
Maransart
Route de Nivelles
vers Charleroi
le Caillou
R. Chapelot et Cie
Echelle : 1/40.000
0 1 2 3 4 Kil.

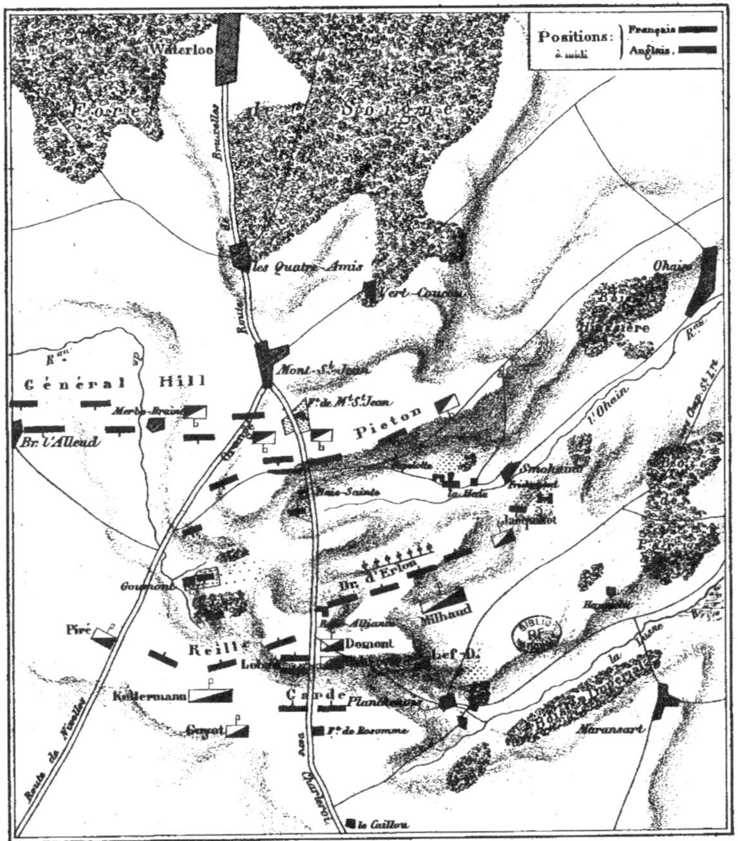

HISTOIRE ABRÉGÉE

DES

CAMPAGNES MODERNES

Tableaux récapitulatifs

DES CAMPAGNES

PAR

C. VIAL

CHEF D'ESCADRON AU 15ᵉ RÉGIMENT D'ARTILLERIE

CAMPAGNES DE LA RÉVOLUTION
1792.

FRANCE contre { AUTRICHE. PRUSSE. PIÉMONT. }

1re période. — Désorganisation de l'armée par l'émigration.

HISTOIRE INTÉRIEURE.	ROCHAMBEAU (vis-à-vis Tournay), LAFAYETTE (vis-à-vis Namur).	LUCKNER, à Fontoy (nord de Metz).	MONTESQUIOU (Alpes).
Déclaration de la guerre (20 avril 1792).	Débandade de Quiévrain (28 avril).	Armée du centre (Luckner). Kellermann.	Armée des Alpes (Montesquiou).
La Patrie en danger (11 juillet).	Armée du Nord (Lafayette).	Custine (en haute Alsace).	
Manifeste du duc de Brunswick (26 juillet).			
Invasion des Tuileries : le roi est suspendu de ses fonctions (10 août).			
Invasion de la France (19 août 1792).	Dumouriez (20 août).	Perte de Longwy (23 août). Verdun (2 septembre).	
Service obligatoire.			
Massacres de septembre.			

VALMY (20 septembre 1792). (Dumouriez.)

La République (22 septembre).		Prise de Spire, Worms, Mayence (21 octobre).	Prise de la Savoie, du comté de Nice.

2e période. — Conquête de la Belgique.

JEMMAPES (6 novembre 1792).

Perte de Francfort (2 décembre 1792).

Échec devant Trèves (12 décembre 1792).

1793.

Après l'exécution de Louis XVI (21 janvier 1793) se joignent à la coalition : la Hollande, l'Angleterre, l'Espagne, le Portugal, Naples, la Toscane, le Pape.

Plan de campagne : FRANÇAIS. Dumouriez envahira la Hollande ; défensive partout ailleurs.

ALLIÉS. Dégager Maëstricht, délivrer Mayence, envahir la France.

1re période, de décembre 1792 à août 1793.

HISTOIRE INTÉRIEURE.	ARMÉE DU NORD.	ARMÉE DE LA MOSELLE, ARMÉE DU RHIN.	THÉATRES SECONDAIRES.
Exécution de Louis XVI (21 janvier).	Défaite de **Nerwinden** (18 mars 1793, Dumouriez).	Les Prussiens débordent Custine.	*Guerre de Vendée* (10 mars 1793). — Principaux chefs : Stofflet. Cathelineau, Charette d'Elbée, la Rochejacquelein.
Formation du Comité de Salut public (6 avril).	Défection de Dumouriez (5 avril 1793).	*Siége de Mayence* (14 avril, 23 juillet). — Les Prussiens (Brunswick) font face à l'armée de la Moselle, les Autrichiens (Wurmser) face à l'armée du Rhin.	Les Vendéens prennent **Saumur** (10 juin 1793).
Insurrections jacobines (31 mai, 2 juin).			Arrivée de Kléber et des Mayençais.
Constitution montagnarde (24 juin).			
Mort de Marat (13 juillet).			
Robespierre au Comité de Salut public (27 juillet).			

Insurrections en Normandie, à Marseille, Lyon, Toulon.
Toutes nos frontières sont envahies.

2e période, d'août 1793 à la fin de l'année.

HISTOIRE INTÉRIEURE.	ARMÉE DU NORD.	ARMÉE DE LA MOSELLE, ARMÉE DU RHIN.	THÉATRES SECONDAIRES.
Levée en masse (23 août).	Camp de César (6 août), camp de Biache (8 août).		
Emprunt forcé d'un milliard (18 août).			
Loi du maximum, loi des suspects (septembre).			
Soumission de Lyon, exécution des Girondins (octobre).	**HONDSCHOOTE** (8 septembre 1793, Houchard).		Torfou (19 septembre), défaite des républicains.
	Panique de Courtray (15 septembre).		Cholet (15 octobre), victoire des républicains.
	Wattignies (15 octobre 1793, Jourdan).	Prise des lignes de Wissembourg (13 octobre) par Brunswick et Wurmser.	Granville (14 novembre), échec vendéen.
		Frœschwiller (22 décembre, Hoche, vainqueur, prend le commandement des deux armées).	**Le Mans**, Savenay (13 et 23 décembre), destruction complète des Vendéens (Kléber, Marceau).
		Geissberg, Wissembourg (26 décembre).	

1794.

MÊMES NATIONS COALISÉES. { Autriche, Prusse, Piémont, Roi de Naples, Le Pape, Roi de Sardaigne, Angleterre, Espagne, Portugal, Hollande.

Plan de campagne........... { FRANÇAIS : se maintenir au centre, agir par les deux ailes contre l'armée principale des coalisés.
COALISÉS : agir contre notre centre à Landrecies, puis marcher sur Paris.

HISTOIRE INTÉRIEURE.	ARMÉE DU NORD (Pichegru contre Cobourg).	ARMÉE DES ARDENNES.	ARMÉE DE LA MOSELLE (Jourdan).	ARMÉES { du Rhin, des Alpes, d'Italie, des Pyrénées, des côtes de la Rochelle, des côtes de Cherbourg.
21 février. — Exécution des Hébertistes. 5 avril. — Exécution de Danton et Desmoulins.	Perte de Landrecies (30 avril). Manœuvre du 26 avril. Défaite de Troisville (26 avril). 1re victoire de **Tourcoing** (29 avril). 2e victoire de Tourcoing (18 mai). Échec de Pont-à-Chin (23 mai).	3 tentatives pour franchir la Sambre.		
8 juin. — Fête de l'Être suprême. Juin. — La Terreur.	*Aile gauche* (Pichegru). Hooglède (17 juin). *Centre.* Vis-à-vis Guise.			

ARMÉE DE SAMBRE-ET-MEUSE (Jourdan).

Prise de Charleroi (25 juin).
FLEURUS (26 juin).

27 juillet (9 thermidor). — Chute de Robespierre. La Convention après Thermidor.	Pichegru va border le Wahal.	Entrée à Bruxelles. L'Ourthe.	
Séparation de l'Église et de l'État (18 novembre)	Prise d'Amsterdam. 20 janvier 1795.		

Fermeture du club des Jacobins. Nous sommes maîtres de la rive gauche du Rhin, nous avons pris une partie du Piémont, de la Catalogne, de la Navarre.

1795.

HOLLANDE.	RHIN.		ALPES.
	ARMÉE DE SAMBRE-ET-MEUSE.	ARMÉE DE RHIN-ET-MOSELLE.	
Pichegru poursuit le prince d'Orange et Walmoden.	Siège de Mayence.		
Prise de la flotte hollandaise dans les glaces (21 janvier).			
Prise de possession de la Hollande (20 janvier).			
1er prairial (20 mai). — La Convention est envahie par la populace (Boissy d'Anglas).			
Suppression du tribunal révolutionnaire.			
Juillet. — Hoche écrase les émigrés à Quiberon.			
13 vendémiaire (5 octobre). — Émeute royaliste réprimée par Bonaparte.	Jourdan passe le Rhin (7 septembre).	Pichegru franchit le Rhin. Défaite d'Heidelberg (24 septembre).	
26 octobre. — Fin de la Convention.	Recul jusqu'à Düsseldorf, abandon du siège de Mayence (29 octobre).		
		Recul jusqu'à la Queich (16 novembre).	Loano (Schérer, 23 novembre).

Traités de **Bâle** avec la Prusse (5 avril), avec la Hollande (16 mai), avec l'Espagne (14 juillet).

Nous avons la rive gauche du Rhin.

Armistice (21 décembre).

1796-1797.

COALITION contre { SARDAIGNE-PIÉMONT. / AUTRICHE. / ANGLETERRE.

ITALIE.

ARMÉE DES ALPES (Schérer). — ARMÉE D'ITALIE (Bonaparte).

ALLEMAGNE.

ARMÉE DE SAMBRE-ET-MEUSE (Jourdan). — ARMÉE DE RHIN-ET-MOSELLE (Moreau).

ITALIE	ALLEMAGNE
1re période contre *Beaulieu* (38 jours).	
Mondovi (22 avril 1796).	
LODI (9 mai 1796).	
Siège de Mantoue (15 juin).	Victoire d'**Altenkirchen** (7 juin 1796).
	Défaite de **Wetzlar** (Jourdan, 15 juin 1796).
2e période contre *Wurmser* (6 jours).	
Bonaparte lève le siège de Mantoue.	
Lonato (31 juillet et 2 août).	Victoire d'**Etlingen** (Moreau, 9 juillet).
CASTIGLIONE (5 août 1796).	
3e période contre *Wurmser* (15 jours).	Victoire de **Neresheim** (Moreau, 12 août).
	Défaite de **Neumarck** (24 août).
Bassano (8 septembre).	Défaite de **Wurzbourg** (Jourdan, 3 septembre).
Legnano (11 septembre).	
4e période contre *Alvinzi* (15 jours).	
ARCOLE (16 et 17 novembre 1796).	Bataille de **Biberach** (2 octobre).
5e période contre *Alvinzi* (4 jours).	
RIVOLI (14 janvier 1797).	Moreau rend **Kehl** (9 janvier 1797).
Capitulation de Mantoue (2 février 1797).	Moreau rend Huningue (2 février 1797).
6e période contre *l'archiduc Charles*.	
Tagliamento (16 mars 1797).	
Col de Tarvis.	
Préliminaires de Léoben (18 avril 1797).	Victoire de **Neuwied** (Hoche, 18 avril 1797).
Traité de **CAMPO-FORMIO.**	

L'Autriche perd la rive gauche du Rhin, la Belgique, les îles Ioniennes données à la France, mais elle reçoit la Vénétie.
Le Milanais devient la République cisalpine sous le protectorat de la France.
La République française est reconnue.
Seule, l'Angleterre reste en guerre avec la France.

1799.

FRANCE contre { TURQUIE. / RUSSIE. / ANGLETERRE. / AUTRICHE.

ARMÉE D'ITALIE ET DE ROME.	SUISSE ET RHIN.	HOLLANDE.
	1re période.	
Civita-Castellana (Championnet, 4 décembre 1798).	Capitulation d'**Ehrenbreitstein** (22 janvier 1799).	
Entrée à Naples (23 janvier 1799).	Défaite de **Stokach** (Jourdan, 25 mai 1799).	
	Assassinat des plénipotentiaires français à Rastadt.	
	2e période. — a) Avant l'arrivée des Russes.	
Défaite de **Magnano** (Schérer, 5 avril 1799).	**1re bataille de Zurich** (4, 5 et 6 juin 1799).	
	b) Après l'arrivée des Russes.	
Défaite de **Cassano** (Moreau, 27 avril 1799).		
Défaite de **la Trebbia** (Macdonald, 17-19 juin 1799).		
Défaite de **Novi** (Joubert, 15 août 1799).		
		Débarquement anglais (27 août 1799).
	VICTOIRE DE ZURICH (Masséna, 24, 25 et 26 septembre 1799).	Bataille de **Bergen** (19 septembre 1799).
		Victoire de **Kastricum** (Brune, 6 octobre 1799).
		Convention d'**Alkmaar** (18 octobre 1799).

1800.

FRANCE contre { AUTRICHE. / ANGLETERRE.

1re PARTIE.

ITALIE.	ALLEMAGNE.
MÉLAS (120,000 hommes). — MASSÉNA (30,000 hommes).	KRAY (120,000 hommes). — MOREAU (100,000 hommes).
Siège héroïque de Masséna dans **GÊNES** (avril et mai) attirant toutes les troupes autrichiennes.	**Engen et Stokach** (3 mai), **Moeskirch** (5 mai), Biberach (7 mai). Victoires de Moreau.
Suchet repoussé sur le Var.	Kray à Ulm.
Formation de l'armée de réserve.	**Hochstett** (19 mai).
Passage du Saint-Bernard (fort de Bard, 25 mai), prise d'Ivrée (27 mai). Concentration à Milan.	
Montebello (9 juin).	
MARENGO (14 juin 1800).	
Retour offensif de Desaix, charge de Kellermann.	
Armistice d'Alexandrie (16 juin).	Armistice de Parsdorf (15 juillet).

IIe PARTIE.

Les Autrichiens n'ont voulu que gagner du temps.	Archiduc Jean contre Moreau.
Mélas contre Brune.	Défaite d'Ampfing (30 novembre).
Magnifique passage des Alpes par Macdonald.	**HOHENLINDEN** (3 décembre).
Brune, successeur de Bonaparte, remporte la victoire de **Pozzolo**.	
Paix de Lunéville (9 février 1801).	

Confirmation du traité de Campo-Formio. Nous avons la Belgique, les provinces du Rhin et l'Italie, le protectorat sur la Hollande, l'Allemagne, la Suisse et l'Espagne. Fondation du royaume d'Etrurie.

Un an après, nos succès maritimes d'**Algésiras**, la formation au **Camp de Boulogne** d'une armée et d'une flotte que Nelson ne peut brûler font signer à l'Angleterre la **paix d'Amiens** (27 mars 1802); elle abandonne presque toutes ses conquêtes, rend Malte aux chevaliers, évacue l'Egypte.

CAMPAGNE DE 1805.

3e COALITION : France, Italie, Hollande, Confédération du Rhin } Autriche, Angleterre, Russie, Suède.

Causes. — L'Angleterre n'évacue pas Malte ; le tsar rompt après l'enlèvement du duc d'Enghien et refuse de reconnaître l'Empereur.

Plan. — Écraser les Autrichiens avant l'arrivée des Russes.

I. — Campagne contre les Autrichiens (Ulm).

GAUCHE.			CENTRE.		DROITE.			RÉSERVE.	ITALIE.
1er corps.	2e corps.	Armée bavaroise.	3e corps.	4e corps.	5e corps.	Cavalerie.	6e corps.	7e corps.	Masséna contre l'archiduc Charles.
Bernadotte.	Marmont.		Davout.	Soult.	Lannes.	Murat.	Ney.	Augereau.	
					Donau-werth (7 oct. 1805)				
					Wertingen (8 octobre 1805). Albeck (général Dupont, 11 octobre).		Günzbourg (9 oct. 1805) ELCHIN-GEN (11 oct. 1805), Michelsberg (16 oct. 1805)		Prise de Vérone (18 octobre).

CAPITULATION D'ULM (20 octobre 1805, Mack capitule.)
TRAFALGAR, près Cadix (21 octobre 1805) : Villeneuve battu par Nelson.

II. — Campagne contre les Russes (Austerlitz).

Amstetten (5 novembre 1805).
San-Pœlten (8 novembre 1805).
Diernstein (11 novembre 1805, Mortier).
Prise des **ponts de Vienne** par Murat.
Hollabrünn.

Caldiéro (30 oct. 1805). L'archiduc Charles se retire en Allemagne).

AUSTERLITZ (2 décembre 1805). — (Plateau de Pratzen, Sokolnitz, Telnitz.)

Paix de **Presbourg** (26 décembre 1805). { La Vénétie, la Dalmatie, l'Istrie au royaume d'Italie (France) le Tyrol à la Bavière, qui devient royaume ainsi que le Würtemberg, l'électorat de Bade (grand duché). Formation de la Confédération du Rhin et suppression de l'empire d'Allemagne (l'empereur d'Allemagne devient empereur d'Autriche). }

CAMPAGNE DE 1806-1807.

4e COALITION. } Angleterre. Prusse. Russie. Suède.

Cause. — La Prusse excitée par la reine Louise, furieuse de ce que Napoléon a parlé de rendre le Hanovre à l'Angleterre, prend pour prétexte le passage de nos troupes sur le territoire d'Anspach et nous déclare la guerre, bientôt soutenue par la Russie.

Plan. — Par une conversion à gauche de la Grande Armée, border la Saale, couper les Prussiens de leurs communications, les battre avant l'arrivée des Russes.

Napoléon, concentré en trois groupes sur le haut Mein, traverse rapidement le Franken-Wald :

	Colonne de gauche.	Colonne du centre.	Colonne de droite.
	Lannes, Augereau. **Saalfeld** (10 octobre 1806, Louis de Prusse tué).	Murat, Bernadotte, Davout, la Garde. **Schleitz** (9 octobre 1806).	Soult, Ney.
	IÉNA (11 octobre 1806). Lannes, Augereau, Murat, Soult, Ney, la Garde.	**AUERSTÆDT** (14 octobre 1806). Davout.	

Poursuite (dès le 15 octobre) :

Campagne d'Iéna contre les Prussiens (1806).	A gauche.	Au centre.	A droite.
	Murat, Ney. Erfurth.	Soult. Siège de Magdebourg (25 oct.).	Bernadotte. Halle (17 octobre).

Manœuvre pour envelopper les Prussiens qui cherchent à gagner le bas Oder :

	En flanc.	En queue.	A droite en tête.
	Lannes, Bernadotte, partis de Berlin.	Soult, détaché de Magdebourg.	Murat, Lannes. **Zehdenick** (26 octobre). **Prentzlow** (28 octobre), Hohenlohe capitule. **Stettin** (28 octobre). **Posenwalck** (30 oct.), corps échappe.
	Magdebourg (Ney, 8 nov.).	**Lubeck** (7 novembre, Blücher capitule).	

Blocus continental qui interdit le commerce avec l'Angleterre.

Campagne d'**Hiver** contre les Russes (1806-1807). { 26 décembre 1806. { **Pulstück** (Lannes). **Golymin** (Davout et Augereau). **Soldau** (Ney repousse les Prussiens de Lestocq). } Quartiers d'hiver. — Ney assiège Dantzig. **EYLAU** (8 février 1807) (40,000 hommes hors de combat). Quartiers d'hiver sur la Passarge qui coupe les Russes de la mer et des Prussiens. }

Campagne d'**Été** contre les Russes (1807). { **FRIEDLAND** (14 juin 1807). }

Traité de **Tilsitt** (27 juillet). { La Russie s'allie à la France et adhère au blocus continental. La Prusse anéantie est réduite de moitié. Royaume de Westphalie créé pour Jérôme Bonaparte. }

CAMPAGNES D'ESPAGNE ET DE PORTUGAL, 1807-1814.

PORTUGAL.	ESPAGNE.	CATALOGNE.
Refus d'adhérer au blocus continental. 1re expédition de Portugal (Junot, 1807-1808). Entrée à Lisbonne (nov. 1807).	Charles IV d'Espagne est en lutte avec son fils Ferdinand. Napoléon fait occuper le nord de l'Espagne (9 novembre 1807 à février 1808) par Dupont et Moncey sous les ordres de Murat, qui entre à Madrid (23 mars 1808).	
A l'annonce de Baylen, le Portugal se soulève. Défaite de **Vimeiro** (20 août 1808, lord Wellesley). Capitulation de **CIN-TRA** (30 août 1808).	Piège de Bayonne (avril 1808). Joseph entre à Madrid après **Medina del Rio Seco** (14 juillet 1808). Révolte de Madrid, réprimée par Murat. Insurrection de Saragosse (mai 1808). Capitulation de **BAYLEN** (20 juin 1808, Dupont). La péninsule est évacuée jusqu'à l'Èbre après ces deux capitulations.	

Campagne de Napoléon, 1808-1809.

Gauche espagnole.	*Centre espagnol.*	*Droite espagnole.*	CATALOGNE.
Durango (31 oct. 1808). **Burgos** (9 nov. 1808). **ESPINOSA** (10 novembre 1808).			
	TUDELA (23 novembre 1808).		
	Occupation de Madrid (2 décembre 1808).	**SOMO SIERRA** (30 novembre 1808). Siège de Sarragosse.	Saint-Cyr délivre Duhesme, enfermé à Barcelone à **Molins del Rey** (8 déc. 1809).
Poursuite de Moore. — Course de Benavente. **LA COROGNE** (16 janv. 1809, Soult).		Prise de Saragosse (21 fév. 1809, Lannes et Palafox).	

Campagne de Wellington (1809-1814) (contre Soult et Masséna).

1809.

PORTUGAL.	ESPAGNE.	CATALOGNE.
Soult occupe Oporto (mars 1809). Wellesley le chasse du Portugal (mai 1809). Wellesley rentre en Portugal.	**Talaveyra** (juillet 1809), bataille indécise. **Almonacid** (août 1809), victoire de Sébastiani sur les Espagnols. **Ocana** (novembre 1809), victoire de Mortier sur les Espagnols.	Suchet prend Lérida.

1810-1811.

Le roi Joseph veut conquérir le Portugal et forme trois armées :

1° Armée du Portugal (Masséna), marchera par Ciudad-Rodrigo ;
2° Armée du Sud (Soult), avancera par l'Andalousie, puis par Badajoz ;
3° Armée du Centre (Joseph).

Soult, au lieu de soutenir Masséna, prend Badajoz (janvier-11 mars 1811).

PORTUGAL.	
TORRÈS VÉDRAS (1810-1811). (Masséna se brise contre ces lignes, Wellesley devient lord Wellington.)	

1811.

ESPAGNE.	CATALOGNE.
Fuentès de Onoro (bataille indécise de Wellington contre Masséna). Marmont et Soult réunis, forcent Wellington à lever le **siège de Badajoz** (juin 1811).	**Sagonte** (1811), Suchet bat les Anglais.

1812.

ESPAGNE.	CATALOGNE.
Wellington se rend maître de **Ciudad-Rodrigo** (janvier 1812) et de Badajoz (avril 1812), bat Marmont aux **Arapiles**, près de Salamanque (juillet 1812). Entrès à Madrid (août 1812), les Anglais évacuent cette capitale lors d'un retour offensif de Joseph (octobre 1812).	Valence (janvier 1812). Suchet bat l'Anglais Blak, qui lui livre la ville. Suchet administre sagement ses conquêtes et s'y fait aimer des Espagnols.

1813.

ESPAGNE.	CATALOGNE.
Wellington, généralissime des forces anglaises, espagnoles et portugaises, bat Joseph à **Vittoria** (juin). L'Espagne est perdue. Soult, général en chef, ramène vers les Pyrénées les troupes françaises.	La retraite de nos forces principales force Suchet à abandonner successivement Valence et la Catalogne et de rentrer en France.

1814.

En 1814, Wellington s'empare successivement des lignes de la Bidassoa, de la Nivelle et de la Nive et livre à Soult les batailles d'**Orthez** (27 février) et de **Toulouse** (10 avril).

Traité de Paris (Voir la campagne de 1814).

***

CAMPAGNE DE **1809**.

L'Angleterre, voyant nos forces accumulées en Espagne et nos succès de ce côté, suscite contre nous l'Autriche. Malgré l'entrevue d'Erfurth, Alexandre ne nous prêtera aucun secours.

$$\begin{matrix} \text{BAVIÈRE} \\ \text{FRANCE} \end{matrix} \Big\} \text{ contre } \Big\{ \begin{matrix} \text{ANGLETERRE.} \\ \text{AUTRICHE.} \\ \text{ESPAGNE et PORTUGAL.} \end{matrix}$$

En Italie. — Le prince Eugène (vice-roi d'Italie) battu à Sacile (16 avril).

En Allemagne. — Berthier, qui a le commandement, nous laisse dispersés; Davout à Ratisbonne, Masséna à Augsbourg. Napoléon concentre aussitôt ses forces.

Batailles de 5 jours.	DAVOUT.	MASSÉNA (et NAPOLÉON).
19 avril.	**Tengen.**	**Pfaffenhofen** (corps de Hiller).
20 avril.		**Abensberg** (Hiller).
21 avril.		**Pfaffenhausen** (Hiller) (ne pas confondre avec Pfaffenhofen).
22 avril.	**ECKMÜHL** (archiduc Charles).	
23 avril.		

Prise de Ratisbonne.

De Ratisbonne à Wagram (23 avril-6 juillet 1809).	Napoléon marche sur Vienne par la rive droite. Passage de l'Inn (**Ebersberg**, 3 mai, Hiller). Entrée à Vienne (13 mai). Journées d'**Aspern** et d'**Essling** (21 et 22 mai), les ponts sont emportés par une crue, Lannes est tué.
WAGRAM (6 juillet).	A gauche, Masséna supporte le gros de l'effort ennemi. Au centre, Macdonald s'empare de Wagram. A droite, Davout emporte Neusiedel. Retraite de l'archiduc Charles sur la Moravie.
Armistice de Znaïm.	
En Italie................	Victoire de Raab (14 juin 1809).
Traité de Vienne (14 octobre).	La Gallicie (à l'Autriche) est partagée entre la Russie et le grand-duché de Varsovie (Pologne). Plusieurs villes sont données à la Bavière. La Carinthie, Croatie, Carniole, sont données à la France. L'Autriche paye 200 millions.

CAMPAGNE DE RUSSIE, **1812**.

Causes : Difficultés au sujet du *blocus continental*.

Le Tsar songe à s'emparer de *Constantinople*.

Napoléon épouse Marie-Louise d'Autriche au lieu d'une princesse russe.

Armée française. A gauche, Macdonald (Prussiens). | La Grande Armée (450,000 hommes). | A droite, Schwarzemberg (Autrichiens).

Armée russe.... Barclay de Tolly, en cordon au nord sur le Niémen. Bagration. | Tormasoff revient du Danube.

Barclay et Bagration séparés à **Vilna** (28 juin).

Ostrowno (25 juillet, Napoléon). Mohilew (28 juillet, Davout).

Réunion des deux armées russes.

Krasnoë (14 août).

LA MOSKOWA (7 septembre) (journée la plus sanglante du siècle, 90,000 hommes et 50 généraux hors de combat. Napoléon n'ose pas engager la Garde et perd l'occasion d'anéantir les Russes).

Incendie de Moscou (16 septembre).

Retraite de Russie.

Malo Jaroslawetz (24 octobre).

Retraite épouvantable dans la neige (15 à 30 degrés de froid).

Krasnoë (17 novembre), Ney, coupé, remonte le Dniéper et rejoint l'armée.

PASSAGE DE LA BÉRÉSINA (15-28 novembre 1812), Napoléon fait une démonstration sur Borisov et passe à Studianka, grâce aux pontonniers du général Eblé.

Il ne reste plus que 25,000 hommes.

Napoléon quitte l'armée, Murat le remplace.

Combats de **Vilna** (8 et 9 décembre).

Kowno (13 décembre).

$$450{,}000 \text{ hommes au début.... } \Big\{ \begin{matrix} 100{,}000 \text{ prisonniers.} \\ 300{,}000 \text{ tués ou morts de faim.} \\ 40{,}000 \text{ déserteurs ou débandés.} \end{matrix}$$

CAMPAGNE DE **1813**.

Suite naturelle de la guerre de 1812, mais la COALITION devient générale.......... $\Big\{ \begin{matrix} \text{ANGLETERRE, RUSSIE, ESPAGNE, SUÈDE, PRUSSE,} \\ \text{AUTRICHE, BAVIÈRE, WESTPHALIE.} \end{matrix}$

Napoléon a englouti toutes ses vieilles troupes ; il n'a plus qu'une armée jeune (215,000 hommes), sans résistance, répartie en deux armées :

1° **Armée de l'Elbe** à Magdebourg sous le prince Eugène, formée des débris de la vieille armée ;

2° **Armée du Mein** (Ney, Bertrand, Marmont, Oudinot).

CAMPAGNE D'ÉTÉ (avril au 15 août, **Succès**).

Les alliés manœuvrent par leur gauche pour forcer l'adhésion de l'Autriche.

Napoléon reprend la Saale et l'Elbe par les victoires :

Weissenfels (armée de l'Elbe, 1er mai).

LUTZEN (2 mai 1813).

Il reprend l'Oder par la victoire de :

BAUTZEN (20-21 mai 1813).

Armistice de **Plesswitz** (l'Autriche et la Suède se joignent à la coalition).

CAMPAGNE D'AUTOMNE (Retraite).

ARMÉES ALLIÉES.

ARMÉE DU NORD (Bernadotte).	ARMÉE DE SILÉSIE (Blücher).	ARMÉE DE BOHÊME (Schwarzemberg).
	Victoire de la **Katzbach** (21 août 1813, Napoléon).	
Grossbeeren (23 août, Oudinot).	Défaite de la **Katzbach** (26 août, Macdonald).	**DRESDE** (26 et 27 août).
Dennewitz (6 septembre, Ney).		

LEIPSIG ou *Bataille des Nations* (16, 18, 19 octobre, 350,000 alliés).

Hanau (30 octobre 1813, canonnade de Drouot).

CAMPAGNE DE 1814.

Après les propositions de Francfort acceptées trop tard par Napoléon (on nous donnait nos frontières naturelles), il a sous ses ordres 70,000 hommes contre 500,000 alliés.

Nous sommes envahis par trois armées qui marchent sur Paris en divisions éloignées sur une même route, incapables de se soutenir. Napoléon va en profiter en se jetant alternativement sur l'une et l'autre colonne.

WINTZIN-GERODE suit la vallée de l'Oise.	BLUCHER suit la Marne.	SCHWARTZEMBERG suit la vallée de la Seine.	AUTRES FRONTIÈRES.

1re période. — Blücher et Schwartzemberg réunis.

Blücher s'est avancé seul ; il est battu à **Saint-Dizier** (27 janvier),

La Rothière (1er février) contre les deux armées réunies. L'Empereur, battu, se retire sur Troyes.

Pozzolo (9 février). armée d'Italie).

2e période. — Contre Blücher seul.

Champaubert (10 février), coupe Blücher en deux tronçons : l'un, où est Blücher ; l'autre, Sacken et York, qui forment l'avant-garde.

Montmirail (11 février) et **Château-Thierry** (12 février), où il écrase Sacken et York.

Vauchamps (14 février) contre Blücher.

3e période. — Contre Schwartzemberg seul.

Schwartzemberg s'avance en trois colonnes. **Mormant** et **Nangis** (17 février). **Montereau** (18 février).

Blücher s'est rapproché de Schwartzemberg et s'empare du pont de **Méry** (22 février).

Limonest (20 février), armée de Lyon.

Orthez (27 février), armée des Pyrénées.

4e période. – Contre Wintzingerode et Blücher.

Mais Schwartzemberg s'étant retiré, Blücher marche sur Paris ; il essaye en vain de passer l'Ourcq et marche sur Soissons dès qu'il apprend l'arrivée de Napoléon.

Craonne (7 mars).

Laon (9 et 10 mars).

Napoléon revient s'emparer de Reims (12 mars).

Bar-sur-Aube (Oudinot battu, 27 février).

5e période. — Contre Schwartzemberg et sur les derrières des Alliés.

Arcis-sur-Aube (20 mars).

L'Empereur se jette sur les derrières des alliés.

Blücher et Schwartzemberg font leur jonction derrière l'armée française.

N'étant pas suivi, Napoléon revient sur ses pas et bat Wintzingerode qui avait le commandement de l'arrière-garde ennemie, à **Saint-Dizier** (26 mars).

Contre les maréchaux........ { **Fère-Champenoise** (25 mars). { **Capitulation de Paris** (30 mars), Marmont et Mortier.

Le Sénat prononce la déchéance de l'Empereur (3 avril).

Abdication de Fontainebleau (6 avril).

Toulouse (10 avril), armée des Pyrénées.

1er traité de **Paris** (avril 1814)........ { Retour des Bourbons. { La France rentre dans ses frontières de 1792. { L'île d'Elbe est donnée à Napoléon.

CAMPAGNE DE 1815.

Dix mois après son abdication, l'Empereur débarque en France ; il fait des ouvertures aux alliés qui lancent contre lui un décret de proscription et s'engagent à n'écouter aucune proposition de paix.

Cinq armées ennemies sont formées, deux d'entre elles se réunissent en Belgique.

Napoléon projette de détruire ces deux armées avant qu'elles puissent être renforcées par les autres ; il prend donc l'offensive le plus rapidement possible.

	PASSAGE DE LA SAMBRE EN TROIS COLONNES.		
1er jour : 15 juin.	A gauche. — Ney.	Au gros. — Lobau, la Garde.	A droite. — Grouchy.
16 juin..............	Les **Quatre-Bras** (échec de Ney).	D'Erlon inutile.	**Ligny** (Grouchy et Napoléon).
17 juin.............	....	....	Grouchy poursuit les Prussiens.
18 juin 1815........	**WATERLOO.**		

1er moment........... Napoléon veut faire une démonstration sur la droite anglaise, à Hougoumont, et attaquer à fond le centre et la gauche de l'armée anglaise ; mais Ney cherche à enlever la Haie-Sainte, au centre, avec une colonne profonde. Il est sur le point de réussir quand une charge de cavalerie le ramène.

2e moment.......... Mais Ney a reçu un secours de toute la cavalerie qui va obtenir un succès et atteint les réserves quand Blücher débouche sur le champ de bataille.

3e moment.......... Napoléon ébranle tout ce qui lui reste d'infanterie pour rejoindre Ney quand notre infanterie prise à revers, entame un mouvement rétrograde dont l'ennemi profite pour une offensive générale. Seule la Garde, formée en carrés, essaie de protéger la retraite.

Napoléon renonce au trône en faveur de son fils que l'Europe refuse de reconnaître.

2e traité de **Paris** (30 novembre). — La France paye 700 millions et perd Landau-Sarrelouis.

GUERRE DE CRIMÉE, 1854-1855.

La campagne commence par une guerre entre la Turquie et la Russie, qui convoitait Constantinople (bataille navale de Sinope, 1853).

La France et l'Angleterre, unies par la convention de Londres, interviennent en faveur de la Turquie (maréchal de Saint-Arnaud—Lord Raglan).

Expédition de la Dobruska. — Les alliés, décimés par le choléra, quittent la Dobruska et débarquent le 14 septembre 1854, en Crimée.

Crimée. — En marchant sur Sébastopol, les alliés rencontrent les Russes à l'**Alma** (20 septembre 1854), les zouaves escaladent les hauteurs qui paraissaient infranchissables et tournent l'armée russe.

Le général russe Totleben fortifie Sébastopol, ville ouverte; on coule sept vaisseaux à l'entrée du port.

Siège de Sébastopol (septembre 1854 à septembre 1855). — Commandement de **Canrobert**, succédant à Saint-Arnaud, mort, le 29 septembre 1854, du choléra.

1er bombardement et tranchées (17 octobre).
Balaclava (25 octobre 1854).
Inkermann (5 novembre 1854).
Hiver terrible.
Arrivée de secours : 20,000 Turcs, 15,000 Piémontais.
2e bombardement.

Commandement du général **Pélissier** (19 mai 1855).

Ouvrages blancs (7 juin 1855).
Echec à Malakoff (18 juin 1855).
Mort de lord Raglan (28 juin 1855).
Traktir (16 août 1855).
2e ASSAUT DE MALAKOFF (8 septembre 1855).

Expéditions de Kanghil, d'Iénikalé, de **Kinburn** aux bouches du Dniéper et de Bomarsund ; dans la Baltique, une flotte franco-anglaise a bloqué la flotte russe à **Kronstadt** et pris **Bomarsund**.

Traité de Paris (30 mars 1856). — La Russie renonce au protectorat des provinces Danubiennes, libre navigation sur le Danube, neutralité de la mer Noire.

CAMPAGNE D'ITALIE, 1859.

Causes. — L'Italie veut secouer le joug de l'Autriche et le Piémont veut faire à son profit l'unité italienne.

Habileté de M. de Cavour (ministre piémontais), qui se concilie Napoléon III par le mariage du prince Napoléon avec une princesse italienne, la princesse Clotilde.

15,000 hommes fournis par le Piémont pendant la guerre de Crimée.

BELLIGÉRANTS. — France : 150,000 hommes, commandés par l'Empereur, arrivent par le mont Cenis, le mont Genèvre et Gênes.

Piémont : 60,000 hommes commandés par Victor-Emmanuel.

Autriche : 200,000 hommes commandés par Giulay.

OPÉRATIONS.

1re période. — Offensive des Autrichiens.

Les Autrichiens hésitants laissent les Français opérer leur concentration.
Montebello (20 mai 1859).

2e période. — Offensive de Napoléon III.

Napoléon, simulant une offensive sur Stradella, passe sur la rive gauche du Pô.
Victoire de **Palestro** (30 et 31 mai 1859).
Victoire de **Turbigo** (2 juin 1859).
MAGENTA (4 juin 1859, Mac-Mahon).
Entrée à Milan.
Victoire de **Melegnano** (8 juin 1859).
SOLFÉRINO (24 juin 1859).

Traité de Villafranca (12 juillet 1859). — L'Autriche cède la Lombardie à la France, qui l'offre au Piémont en échange de Nice et de la Savoie.

CAMPAGNE DE 1866.

Causes . . . .
- Différend au sujet du Sleswig-Holstein entre l'Autriche et la Prusse, qui veut tout conserver.
- L'Italie en profite pour se soulever contre l'Autriche afin d'achever l'indépendance italienne.

PRUSSE.
ITALIE.. } 500,000 hommes contre { AUTRICHE . . . . Plusieurs ÉTATS ALLEMANDS. } 500,000 hommes.

Plan prussien. { Neutraliser rapidement les États secondaires et déboucher en Bohême en deux masses avant que les Autrichiens (Bénédik) aient pris leurs positions.

DATES.	EN BOHÊME.					EN ITALIE.	THÉATRES SECONDAIRES.
	ARMÉE DE L'ELBE.	1re ARMÉE.	IIe ARMÉE.				ARMÉE DU MEIN.
	Général Herwarth de Bittenfeld.	Frédéric-Charles, en Lusace.	Prince royal, en Silésie.				Vogel de Falkenstein.
			Droite.	Centre.	Gauche.		
11 juin .	Occupation de la Saxe.					CUSTOZZA (14 juin)	Occupation de la Hesse électorale, du Hanovre.
16 juin .	Entrée à Dresde						
	Récapitulation des premières opérations.						
25 juin .		Liebenau.					
26 juin .	Hühnverwasser.	Turnau. Podol.					
27 juin .	Armées réunies. Repos.	**Trautenau** (1er corps).			**Nachod** (Ve corps, Steinmetz).		Contre l'armée hessoise : Langensulza.
28 juin .	**Münchengrätz.**			**Soor** (garde).	**Skalitz** (Ve corps).		
29 juin .	**Gitschin.**	**Königinhof.**			**Schweinschädel** (Ve et VIe corps).		Capitulation de l'armée hessoise.
30 juin .	Étape vers le S.-E.	Étape vers la Bistritz.	En position derrière l'Elbe.				
1er juill.	Étape vers le S.-E.	Très courte étape vers la Bistritz.	Repos, quelques mouvements en avant.				
2 juillet.	Très courte marche jusqu'à Smidar.	Repos.	Repos.				
3 juillet.	**SADOWA** (3 juillet).						
10 juillet							Contre les Bavarois : Walduschakh, Kissingen, Hammelburg.
14 juillet							Contre les Würtembergeois : Aschaffenburg.
15 juillet		Tobitschau et Prerau.					
20 juillet							Bataille navale de LISSA.
22 juillet	Blumenau, près de Presbourg.						
24 juillet							Contre les Bavarois : Manteuffel, qui a succédé à Vogel de Falkenstein, passe la **Tauber.**
25 juillet							**Gerchsheim** et **Helmstadt.**
26 juillet							**Hettingen, Rossbrünn.**

Après les préliminaires de paix de Nikolsbourg (28 juillet) sont signés les traités.

Paix de Prague . . .
- Traité de **Prague** (23 août) entre la Prusse et l'Autriche ; le Sleswig-Holstein à la Prusse, formation de la Confédération de l'Allemagne du Nord.
- Traité de **Berlin** (août et septembre) entre les États allemands et la Prusse, qui acquiert le Hanovre, les duchés de l'Elbe, la Hesse, le duché de Nassau.
- Traité de **Vienne** (3 octobre) entre l'Autriche et l'Italie, qui abandonne la Vénétie à la France, qui la rétrocédera à l'Italie.

CAMPAGNE DE 1870-1871.

Cause. — Candidature d'un prince de Hohenzollern au trône d'Espagne ; dépêche d'Ems.

Supériorité de notre fusil. — Infériorité de notre artillerie. — Infériorité de la garde nationale. — Dissémination de nos troupes.

Au début, effectifs réels.....	{ FRANCE.....	260,000 hommes (	600,000 hommes avec les réserves).
	} ALLEMAGNE.	450,000 hommes (	1,200,000 hommes avec les réserves).

Plan allemand. — Se concentrer sur le Rhin moyen, puis rapprocher leurs trois armées de la frontière, se débarrasser de nos forces en Alsace et faire un grand mouvement de conversion vers l'Ouest. Autour de la Ire armée comme pivot, la IIe débouchant du Hardt, la IIIe chassant notre corps d'Alsace et formant l'aile marchante.

DATES.	EN LORRAINE.	EN ALSACE.
—	Ire ARMÉE : général Steinmetz. — IIe ARMÉE : prince Frédéric-Charles.	IIIe ARMÉE : prince royal.
2 août......	Sarrebrück (reconnaissance française).	
4 août......		**Wissembourg.**
6 août......	**Spickeren.**	**Wœrth** ou **Reichshoffen.**
		Siège de Strasbourg.
14 août......	**Borny.**	
16 AOUT.	**MARS-LA-TOUR.**	
18 AOUT.	**SAINT-PRIVAT.**	

	SIÈGE DE METZ.	OPÉRATIONS DE L'ARMÉE DE CHALONS.
	Bazaine.	IIIe ARMÉE : prince royal....... { contre Mac-Mahon et l'Empereur.
		IVe ARMÉE : prince royal de Saxe }
27 août......		**Busancy.**
28 août......		**Nouart.**
30 août......		**Beaumont.**
31 août......	**Noisseville.**	
1er septembre.		**SEDAN.**

Ordre de bataille de l'armée française le 16 août.

Garde impériale. — Général *Bourbaki.*

1re division..................	Général Deligny.
2e division..................	— Picard.
Division de cavalerie..........	— Desvaux.
Réserve d'artillerie...........	Colonel Clapier.

2e corps d'armée. — Général *Frossard.*

1re division..................	Général Vergé.
2e division..................	— Bataille.
Brigade mixte.................	— Lapasset.
Division de cavalerie..........	— Valabrègue.
Réserve d'artillerie...........	Colonel Beaudoin.

3e corps d'armée. — Maréchal *Lebœuf.*

1re division..................	Général Montaudon.
2e division..................	— Nayral.
3e division..................	— Metman.
4e division..................	— Aymard.
Division de cavalerie..........	— Clérambault.
Réserve d'artillerie...........	Colonel de Lajaille.

4e corps d'armée. — Général *de Ladmirault.*

1re division..................	Général de Cissey.
2e division..................	— Grenier.
3e division..................	— de Lorencez.
Division de cavalerie..........	— Legrand.
Réserve d'artillerie...........	Colonel Soleille.

6e corps d'armée. — Maréchal *Canrobert.*

1re division..................	Général Tixier.
2e division..................	— Bisson.
3e division..................	— Lafont de Villers.
4e division..................	— Levassor-Sorval.

Réserve de cavalerie.

1re division de cavalerie.........	Général du Barail.
3e division de cavalerie.........	— de Forton.

Réserve générale d'artillerie.

13e et 18e régiments...........	Général Cornu.

Ordre de bataille des armées allemandes.

Généralissime : le roi GUILLAUME.

Chef d'état-major général : Général DE MOLTKE.

Ire ARMÉE.

VIIe corps. — *De Zastrow.*

13e division..................	De Glümer.
14e division..................	De Kameke.

VIIIe corps. — *De Gœben.*

15e division..................	De Wettzien.
16e division..................	De Barnekow.
3e *division de cavalerie*..........	De Gröben.

IIe ARMÉE.

Garde. — Prince *de Würtemberg.*

1re division..................	De Pape.
2e division..................	De Büdritzki.
Division de cavalerie de la Garde.	De Goltz.

IIIe corps. — D'Alvensleben II.

5e division..................	De Stülpnagel.
6e division..................	De Buddenbrok.

IVe corps. — D'Alvensleben Ier.

7^e division..................	De Schwarzhoff.
8^e division..................	De Schöler.

IXe corps. — De Manstein.

18^e division..................	De Wrangel.
25^e division hessoise..........	Prince Louis de Hesse.

X^e corps. — Voigts-Rhetz.

19^e division..................	De Schwarzkoppen.
20^e division..................	De Kraatz.

XIIe corps — Prince royal de Saxe.

23e division..................	Prince George de Saxe.
24e division..................	De Holderberg.
12e *division de cavalerie*.........	**De Lippe.**
5e *division de cavalerie*.........	**De Rheinbaden.**
6e *division de cavalerie*.........	Duc **de Mecklembourg.**

LES ARMÉES IMPROVISÉES, 1870-1871.

DATES.	SIÈGE DE METZ. Bazaine contre 1re et IIe armées.	ARMÉE DE LA LOIRE. De la Motterouge puis d'Aurelle contre von der Thann, puis contre la IIe armée (Frédéric - Charles).	ARMÉE DE L'EST. Cambriels contre Werder.	ARMÉE DU NORD. Faidherbe contre Manteuffel.	SIÈGE DE PARIS. Trochu contre les IIIe et IVe armées allemandes.
23 septembre...					Villejuif.
30 septembre...					L'Haÿ.
8 octobre....					La Malmaison.
10 octobre....		Arthenay (1re perte d'Orléans).			
13 octobre....					Châtillon.
21 octobre....					La Malmaison.
27 octobre....	Capitulation de METZ.				
28 octobre....					Le Bourget.
9 novembre ..		COULMIERS.			
27 novembre. .				Villers - Bretonneux.	
28 novembre..		Beaune-la-Rolande.			
2 décembre...		Villepion et Loigny.			
4 décembre...		2e perte d'Orléans.			
		2e ARMÉE DE LA LOIRE. Chanzy.	1re ARMÉE DE LA LOIRE. Bourbaki.		
7, 8, 9, 10 déc.		Beaugency.			
18 décembre...			Nuits.		
21 décembre...					Le Bourget.
23 décembre...				L'Hallue ou Pont-Noyelles.	
27 décembre...					Bombardement de Paris.
3 janvier....				Bapaume.	
9 janvier....			Villersexel.		
11 janvier....		LE MANS.			
15, 16, 17 janv.			Héricourt.		
19 janvier....					Buzenval.
28 janvier....					Armistice.
1er février...			L'armée de l'Est entre en Suisse.		

Traité de **Francfort**...
{ Nous payons 5 milliards.
{ Nous perdons l'Alsace et la moitié de la Lorraine.
{ Nous reconnaissons l'empire d'Allemagne.

GUERRE D'ORIENT, 1877-1878.

Causes. { Le Sultan maltraite les chrétiens.
{ La Russie, qui rêve toujours la conquête de Constantinople, prend leur défense.

Forces. { RUSSIE.... 7 corps d'armée (230,000 hommes) } contre { Abdul-Kérim.
{ ROUMANIE. 2 corps d'armée (60,000 hommes) } { 7 groupes (180,000 hommes).

ARMÉE RUSSE.

DATES.	Sa droite (Ouest).	Son centre.	Sa gauche (Est).

1re période. — Campagne de Bulgarie.

DATES.	Sa droite (Ouest).	Son centre.	Sa gauche (Est).
1877.			
24 juin......			**Passage du Danube à Braïla.** La Dobrutscha est évacuée par les Turcs.
27 juin......		**Passage principal du Danube à** Simnitza.	Prise de **Biéla.**
16 juillet.....	Prise de Nicopolis.	Raid de Gourko.	
19 juillet.....		Prise du **col de Schipka.**	
20 juillet.....	1er **échec de Plewna.**		
30 juillet.....	2e **échec de Plewna.**	Retraite de Gourko, qui s'est heurté aux forces de Suleyman.	

2e période. — Suite de la campagne de Bulgarie.

DATES.	Sa droite (Ouest).	Son centre.	Sa gauche (Est).
23 août......			Succès turc à Kara-Lom et Aïaslar.
24-27 août...		Échec turc dans l'attaque de **Schipka.**	
3 septembre..	Prise de Loutcha.		
5 septembre..	3e **échec de Plewna.**		
17 septembre..		2e échec turc devant Schipka.	
24 septembre..			Défaite turque à Tchaïrkeni.
24 octobre....	**Gorni-Dubiak.**		
4 décembre...	**PRISE DE PLEWNA.**		

3e période. — Campagne de Roumélie.

DATES.	Sa droite (Ouest).	Son centre.	Sa gauche (Est).
1878.			
6 janvier....	Entrée à Sophia.		
9 janvier....		Défaite des Turcs vis-à-vis Schipka.	Le corps d'Elena pénètre dans la vallée de Tounja.
13 janvier....	Bataille contre Suleyman, à Philippopoli.		

Traité de **San-Stephano** (3 mars 1878).

Traité de **Berlin** (13 juillet 1878). La Russie y est dépouillée du fruit de ses victoires, d'où son ressentiment contre l'Allemagne. Elle conquiert la Bessarabie et l'Arménie orientale.

Indépendance de la Roumanie, de la Serbie, du Monténégro ; la Bulgarie devient principauté indépendante.

L'Angleterre prend Chypre.

L'Autriche occupe la Bosnie et l'Herzégovine.

GUERRE RUSSO-JAPONAISE, 7 février **1904**-6 septembre **1905**.

SUR MER.	EN MANDCHOURIE.	A PORT-ARTHUR.
8 février. — Surprise de la flotte à Port-Arthur.	**1904.**	
14 février. — Attaque brusquée de Port-Arthur.		
24 février. — Tentative d'embouteillage.		
9 mars-14 avril. — Commandement de l'amiral Makaroff.	1er mai. — Passage du **Yalou**.	26 mai. — Combat de Nancham (IIIe armée, Noghi). Stœssel est enfermé.
	14 et 15 juin. — Bataille de **Wafangou** (Stackelberg).	
	16 juin. — Oyama prend le commandement.	
	25, 26 et 27 juin. — Prise des passes de **Muo-Tien-Ling, Ta-Ling, Fiu-Choui-Ling**.	
10 août. — Sortie de la flotte de Port-Arthur ; elle est détruite.	5-8 juillet. — **Kaï-Ping**.	17-25 août. — 1re attaque générale.
	24 août-4 septembre. — **LIAO-YANG**.	19-22 septembre. — 2e attaque générale.
15 octobre. — Départ de l'amiral Rodjeventski.	9-18 octobre. — **CHA-HO**. Hivernage.	24 octobre-2 novembre. — 3e attaque générale.
		21 octobre-25 novembre. — 4e attaque générale.
		15 décembre. — Mort du général Kondratenku.
		18 décembre. — Prise du fort Ki-Kouan-chan.
		22-28 décembre. — Assauts furieux ; le fort d'Erlung-Chan saute.
	1905.	2 janvier. — **CHUTE DE PORT-ARTHUR.**
27 mai. — **TSOUSHIMA**.	25-29 janvier. — **SANDÉPOU**.	
28 mai. — Poursuite.	23 février-10 mars. — **MOUKDEN**.	
	6 septembre. — Traité de paix de **Portsmouth**. — Les Russes évacuent la Mandchourie, mais ne payent aucune indemnité. Les Japonais conquièrent la Corée et Port-Arthur.	

Ordre de bataille japonais à Moukden.

	DIVISIONS ACTIVES.	DIVISION OU BRIGADE de réserve.	BRIGADE DE CAVALERIE indépendante.	BRIGADE D'ARTILLERIE indépendante.
Ire armée (Kuroki)	Garde. 2e. 12e.	3 brigades.	»	»
IIe armée (Oku)	4e. 5e. 6e. Corps de Formose.	2 brigades.	1	»
IIIe armée (Noghi)	1re. 7e. 9e.	1 brigade.	1	1
IVe armée (Nodzu)	6e. 10e.	1 division. 3 brigades.	»	»
Ve armée (Kawamoura)	11e.	1 division.	»	»

Ordre de bataille russe à Moukden.

	CORPS D'ARMÉE.	CAVALERIE.
1re armée (Liniévitch)	1er corps. 2e corps sibérien. 3e corps sibérien. 4e corps sibérien.	»
2e armée (Kaulbars)	1re, 2e, 5e brigades de tirailleurs. 8e corps. 10e corps. 1er corps sibérien.	Mitchenko. — Cosaque Oural, Transbaïkal, brigade du Caucase, plus une brigade d'infanterie.
3e armée (Bilderling)	5e corps sibérien. 6e corps sibérien. 17e corps.	»

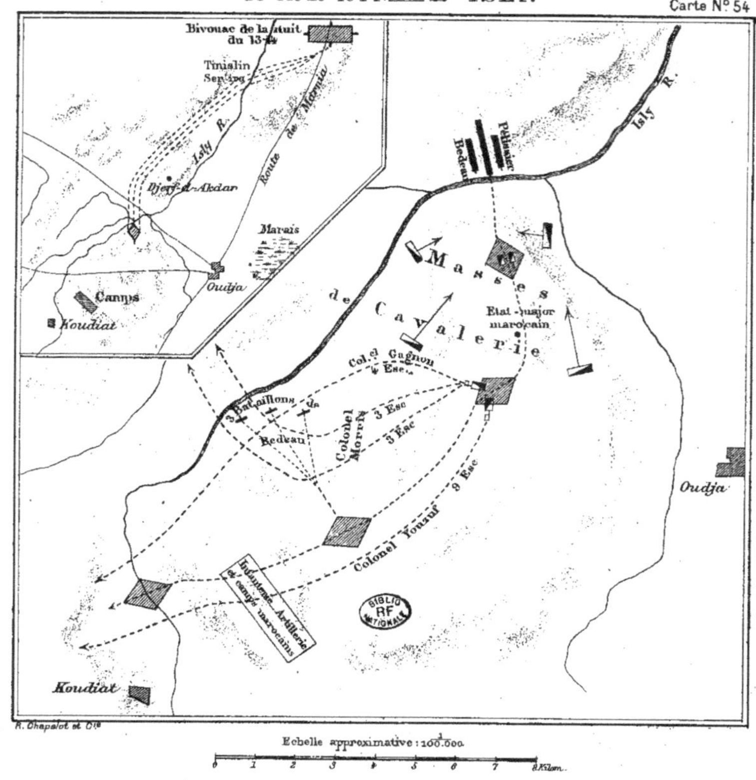

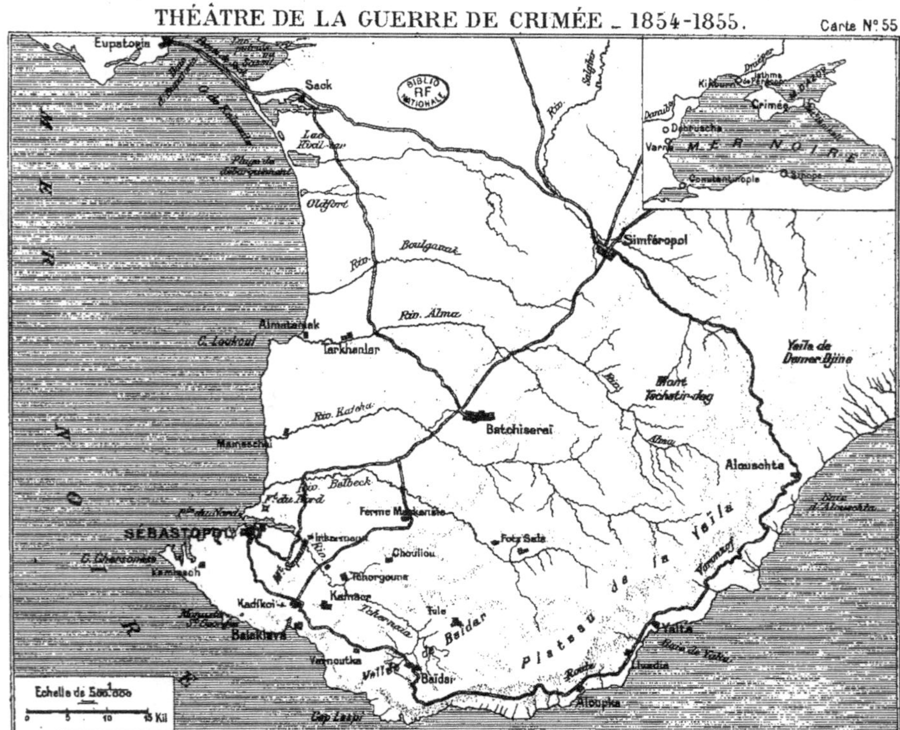

THÉÂTRE DE LA GUERRE DE CRIMÉE — 1854-1855.

Zamrouck
Bulganak R.
MER NOIRE
Tarkhanlar
Alma R.
Cosaques
Route d'Eupatorie
Pr. Nap
Bourliouk
Épaulements
Almatamak
Forey
M^on Blanche
Tchorgoun
Cortchakof
Turcs
Bosquet
Akkles
Keriana
Télégraphe
Réserve
Flotte
R. Chapelot et Cie
Echelle : 1/65.000
0   1   2   3   4   5   6 Kilom

P^te du Nord
Baie de Sébastopol
SÉBASTOPOL
Kollande
Mackenzie
Hauteurs d'Inkermann
Ruine d'Inkermann
Cimetière
Bivouacs du Corps de siège
Champ Koulikovo
Camps
Corps d'Observation
Kamiesch
Vallée de la Tchernaïa
Bataille de Balaclava
Gal Q^er Gal Français
Gal Q^er Gal Anglais
Monts Sapoune
Col de Balaclava
F. Barnaroussi
F. Biroff
F. du Mamelon
Kadikoï
Kamara
Mamart St Georges
Kaïan
Mt Pattakki
Balaclava
Echelle 1: 100.000
0   1   2   3   4 K.

D'après C. Rousset. Hist. de la Guerre de Crimée, Atlas.   R. Chapelot et Cie

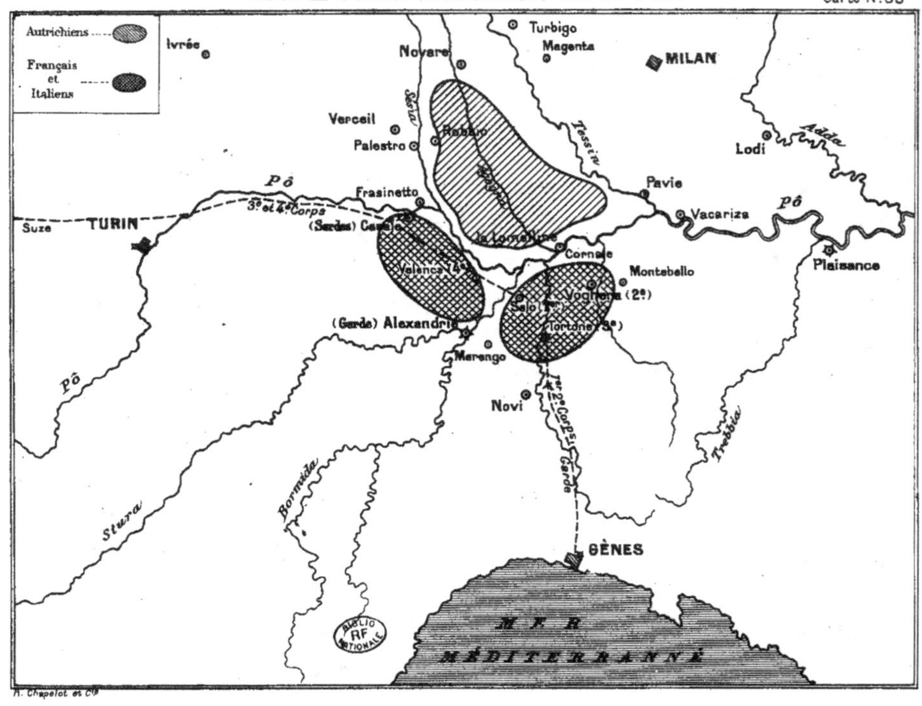

1859 _ CONCENTRATION LE 17 MAI
Carte N.58
Autrichiens
Français et Italiens
Ivrée
Novare
Turbigo
Magenta
MILAN
Verceil
Palestro
Robbio
Lodi
Pavie
Adda
Pô
Frasinetto
Vacariza
Pô
Suze
TURIN
3e et 4e Corps
(Sardes) Casale
Cornale
Plaisance
Valence (4e)
Montebello
Voghera (2e)
(Garde) Alexandrie
Tortone (3e)
Marengo
Novi
1er Corps Garde
GÊNES
Bormida
Trebbia
Stura
Pô
MER MÉDITERRANNÉE
A. Chapelot et Cie

1859 _ SITUATION LE 3 JUIN
Carte N.59 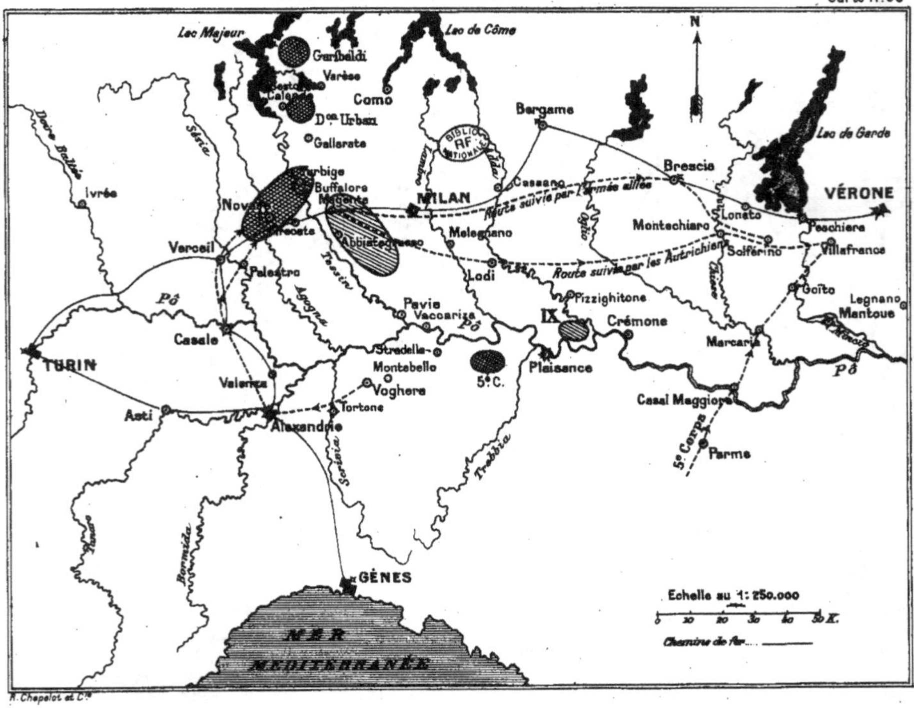
N
Lac Majeur
Lac de Côme
Garibaldi
Varèse
Como
Bergame
Lac de Garde
Calceta
Dn Urban
Brescia
Doire Baltée
Sésia
Gallarate
VÉRONE
Turbigo
Cassano
Buffalora
Magenta
Lonato
Peschiera
Ivrée
Novare
MILAN
Route suivie par l'armée alliée
Villafranca
Verceil
Trecate
Montechiaro
Solférino
Abbiategrasso
Melegnano
Tessin
Palestro
Lodi
Route suivie par les Autrichiens
Goïto
Pô
Adda
Pizzighitone
Legnano
Mantoue
Casale
Pavie
Vacariza
IX
Crémone
Marcaria
TURIN
Stradella
Montebello
Plaisance
Pô
Valenza
Voghera
5e C.
Asti
Tortone
Casal Maggiore
Alexandrie
5e Corps
Parme
Scrivia
Bormida
Trebbia
GÊNES
Echelle au 1:250.000
10   20   30   40   50 K.
Chemins de fer
MER MÉDITERRANNÉE
A. Chapelot et Cie

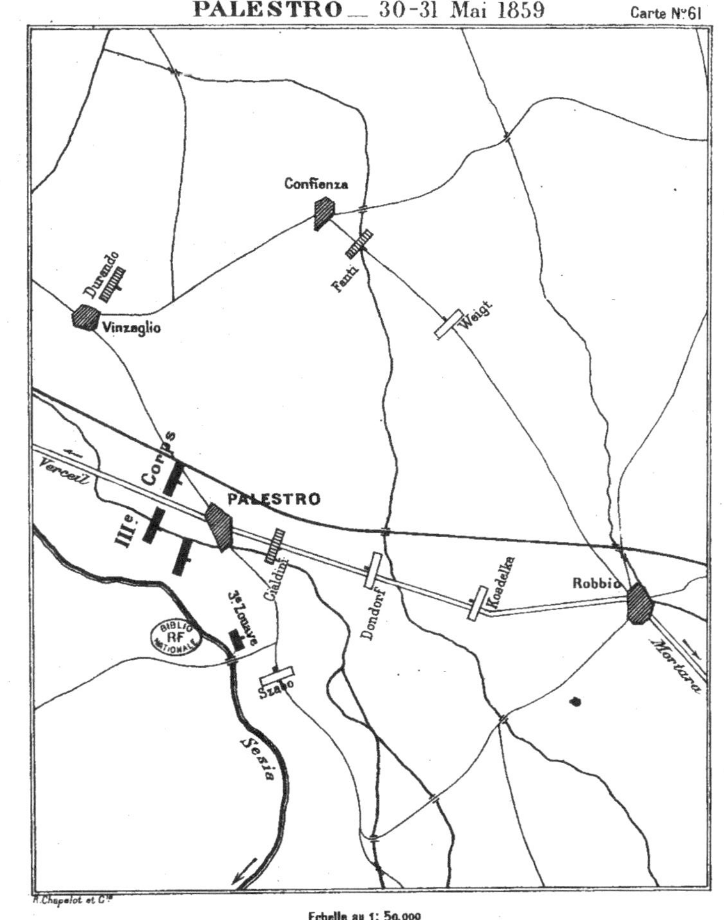

MONTEBELLO — 20 Mai 1859
Carte N°60 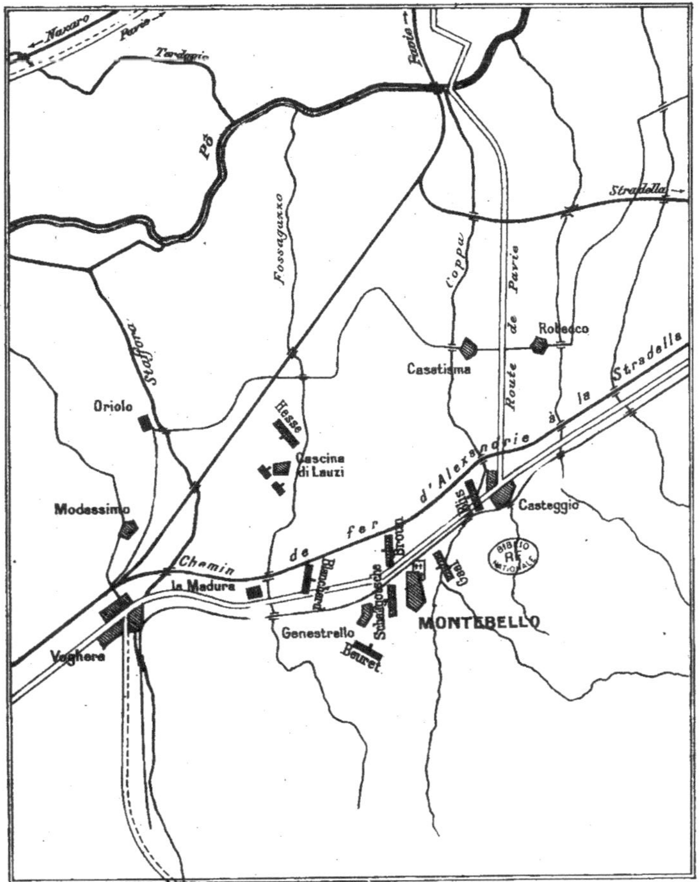
Navaro
Pavia
Tardapio
Pô
Fossaguzzo
Staffora
Coppa
Route de Pavie
Stradella
Robecco
Casatisma
à la Stradella
Oriolo
Hesse
Cascina di Lauzi
d'Alexandrie
Modassimo
Bis
Broun
Casteggio
fer
de
Chemin
la Madura
Blanchard
Schaffgotsche
Gaal
BIBLIO RF NATIONALE
Voghera
Genestrello
Beuret
MONTEBELLO
R. Chapelot et Cie
Echelle au 1:100.000
0 1 2 3 4 Kil.

PALESTRO — 30-31 Mai 1859
Carte N°61
Confienza
Durando
Fanti
Vinzaglio
Weigt
Vercell
Corps
IIIe.
PALESTRO
Cialdini
Koselka
Robbio
3e Zouave
Dondorf
Mortara
BIBLIO RF NATIONALE
Szabo
Sesia
R. Chapelot et Cie
Echelle au 1:50.000
0 1 2 K.

4 Juin 1859.___**MAGENTA.**___Vers 3 h. soir.

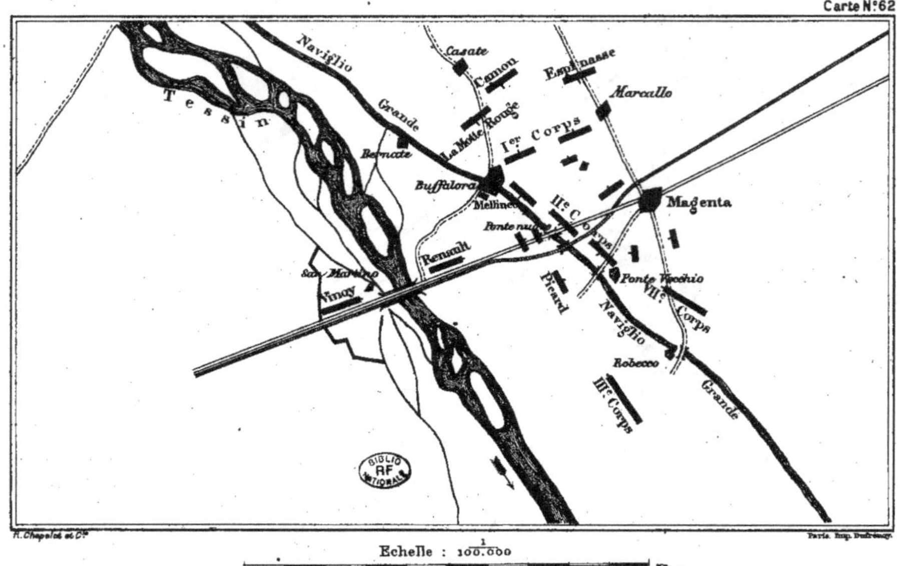

8 Juin 1859.___**MELEGNANO.**___Vers 6 h. soir.

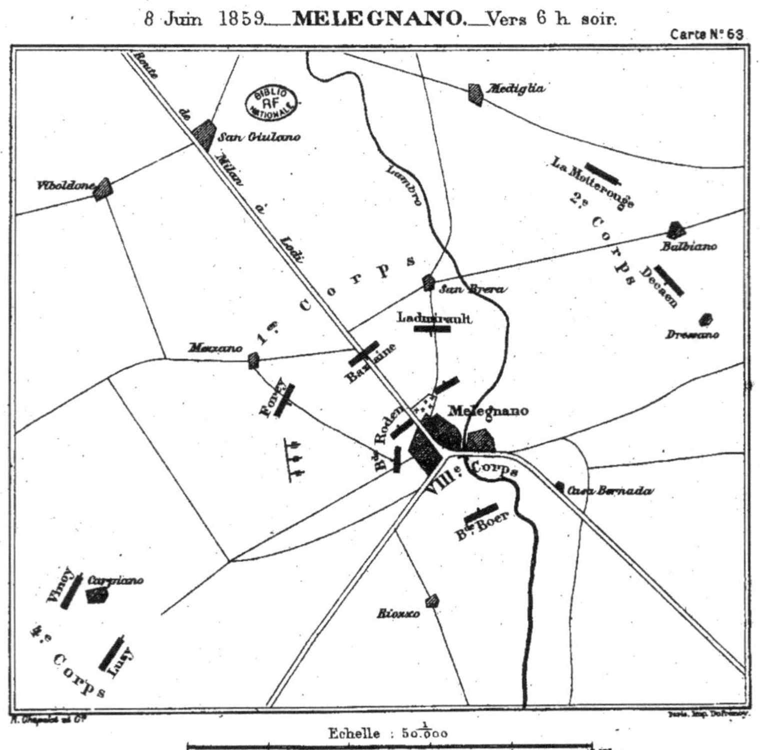

24 Juin 1859 — SOLFÉRINO — Vers 8 h. matin.
Carte N.º 64
Lac de Garde
Rivolta
Lonato
Peschiera
San Martino
Castel-Venzago
Essenta
VIII.e Corps
Pozzolengo
Mincio
Castiglione
Mozambano
Redone
Garde
Inchenbault
Barche
I.er Corps
Bazaine
Forey
Le Grole
Solférino
V.me Corps
Tour.
Partouneaux
Desvaux
Cassiano
I.er Corps
M.te Fontana
VIII.e Corps
II.me Corps
Cavriana
IV.me Corps
Casa Morino
Luzy
Volta
Medole
Baïte
V.e Corps
Guidizzolo
IX.me Corps
Rebecco
X.e Corps
III.me Corps
Castel-
Goffredo
III.e Corps
R. Chapelot et C.ie
Paris — Imp. Dufrénoy.
Echelle : 1/82.000
0   1   2   3   4 Kilom.

THÉÂTRE DES OPÉRATIONS DE 1866 EN BOHÊME

Carte N°65

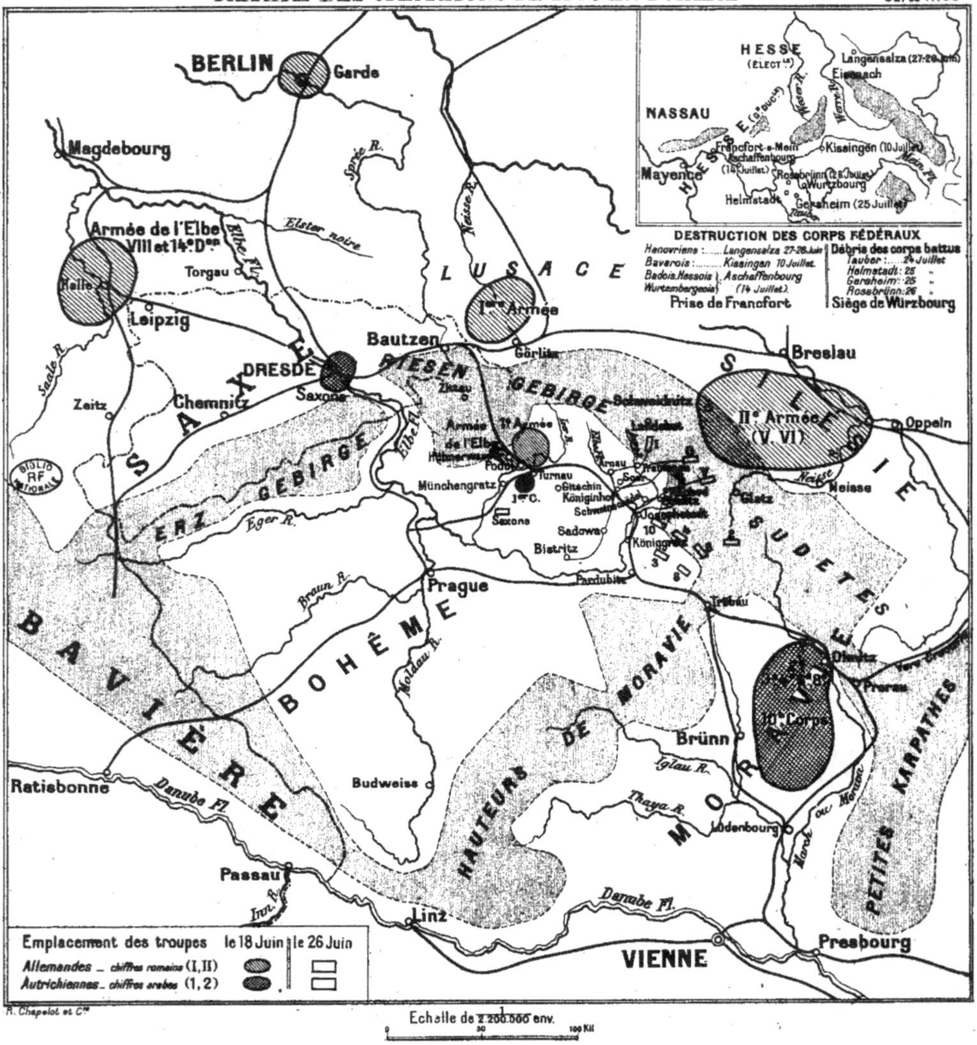

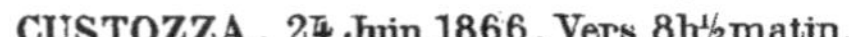

CUSTOZZA. 24 Juin 1866. Vers 8h½ matin.

Carte 66

SITUATION en BOHÊME le 2 Juillet au soir

Carte 67

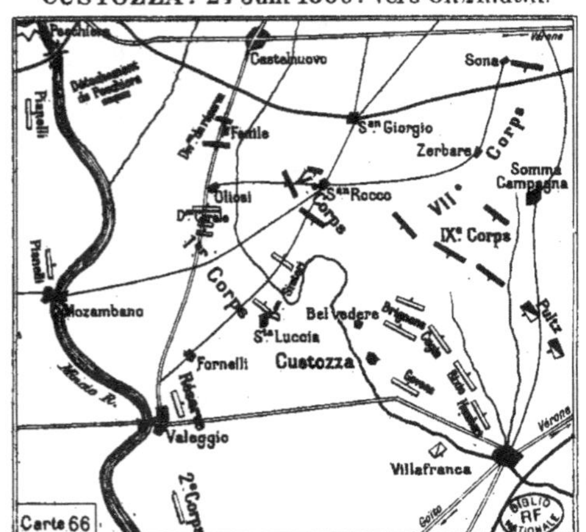

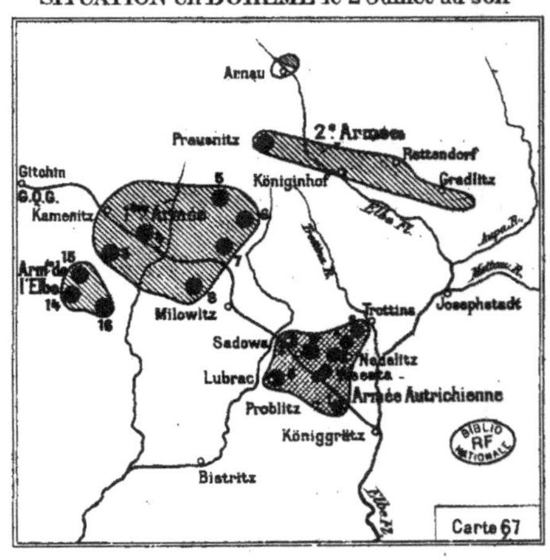

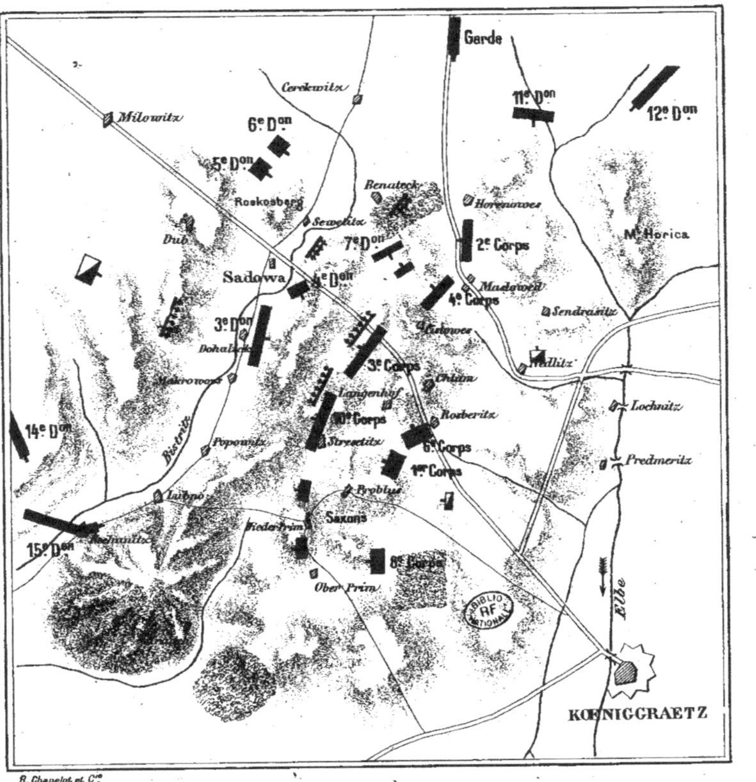

3 Juillet 1866 SADOWA Vers 11 heures du matin
Carte N°68
Garde
11e Don
12e Don
Cerekwitz
Milowitz
6e Don
5e Don
Roskosberg
Benateck
Horenowes
Sewetitz
Dub
7e Don
2e Corps
Mc Horica
Sadowa
4e Don
Madowed
4e Corps
Sendrasitz
3e Don
Austrowes
Dohalitz
Nedlitz
Makrowos
3e Corps
Chlum
Langenhof
Lochnitz
14e Don
10e Corps
Rosberitz
Popowitz
Streselitz
6e Corps
1er Corps
Predmeritz
Lubno
Bryblus
Saxons
15e Don
Nechanitz
Niederprim
8e Corps
Ober Prim
Elbe
BIBLIO. NATIONALE RF
KOENIGGRAETZ
R. Chapelot et Cie
Echelle : 1/100.000
0 1 2 3 4 5 6 Kilom.

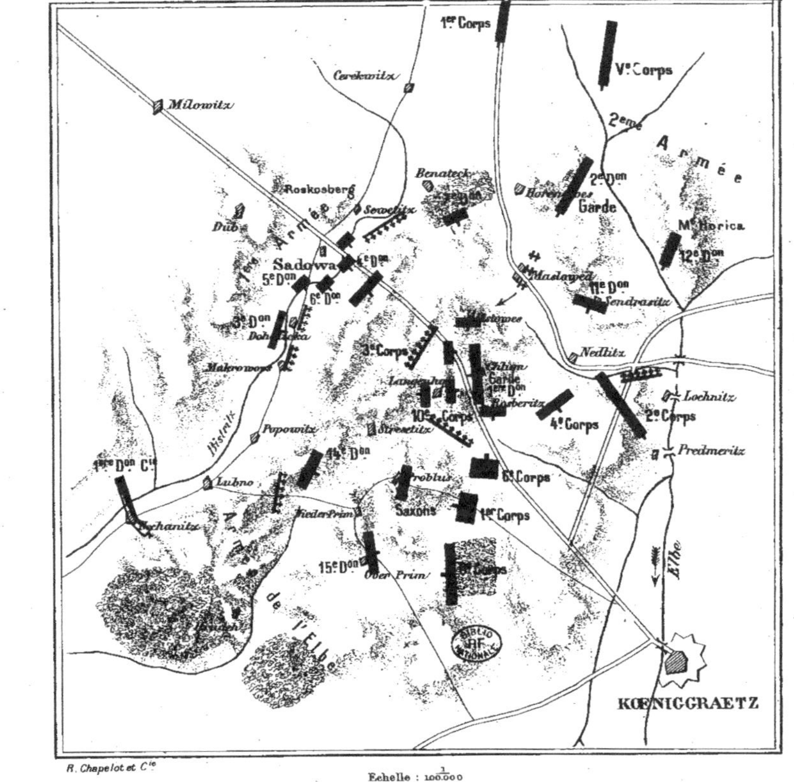

3 Juillet 1866 SADOWA 3 heures 1/2 soir
Carte N°69
1er Corps
Ve Corps
2eme Armée
2e Don
Cerekwitz
Milowitz
Roskosberg
Benateck
Horenowes
Garde
Sewetitz
Dub
Maslowed
11e Don
Mc Horica
12e Don
Sadowa
4e Don
5e Don
6e Don
Sendrasitz
3e Don
Dohalitz
Austrowes
Makrowos
3e Corps
Nedlitz
Chlum
Garde 1er Don
Langenhof
Rosberitz
Lochnitz
10e Corps
Streselitz
Popowitz
4e Corps
2e Corps
Predmeritz
1er Don Cie
11e Don
Lubno
Problus
6e Corps
Nechanitz
Niederprim
Saxons
1er Corps
Armée de l'Elbe
15e Don
Ober Prim
4e Corps
Elbe
BIBLIO. NATIONALE RF
KOENIGGRAETZ
R. Chapelot et Cie
Echelle : 1/100.000
0 1 2 3 4 5 6 Kilom.

SITUATION le 4 Août 1870.
Carte N.º 70
Luxembourg
Thionville
Sarrelouis
METZ
Forbach
3.ºC.
Toul
NANCY
Moselle R.
Meuse R.
Landau
Spire
Maximilien
Germersheim
Wörth
1.º D.ºⁿ 7.ºC.
Haguenau
STRASBOURG
Kehl
R. Chapelot et C.ⁱᵉ
Echelle de 1.500.000 environ
0   10   20   30   40   50   100 KM.

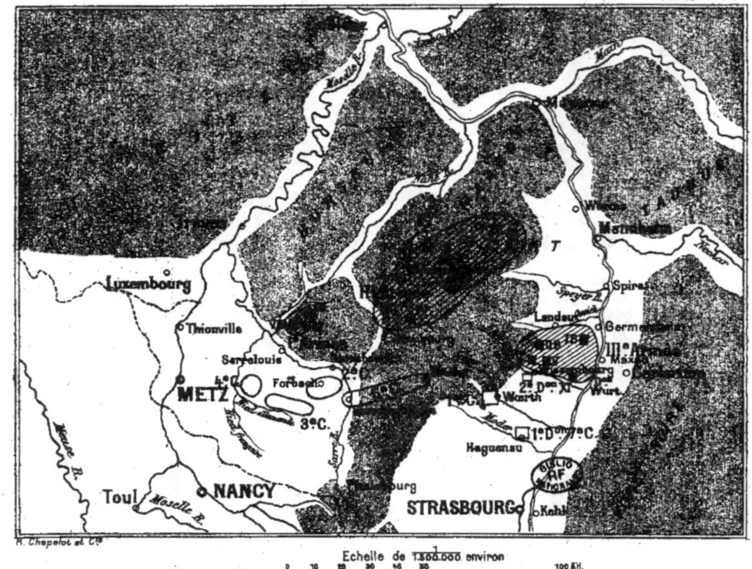

4 Août 1870. WISSEMBOURG. 1 heure du soir.
Carte N.º 71
Schweigen 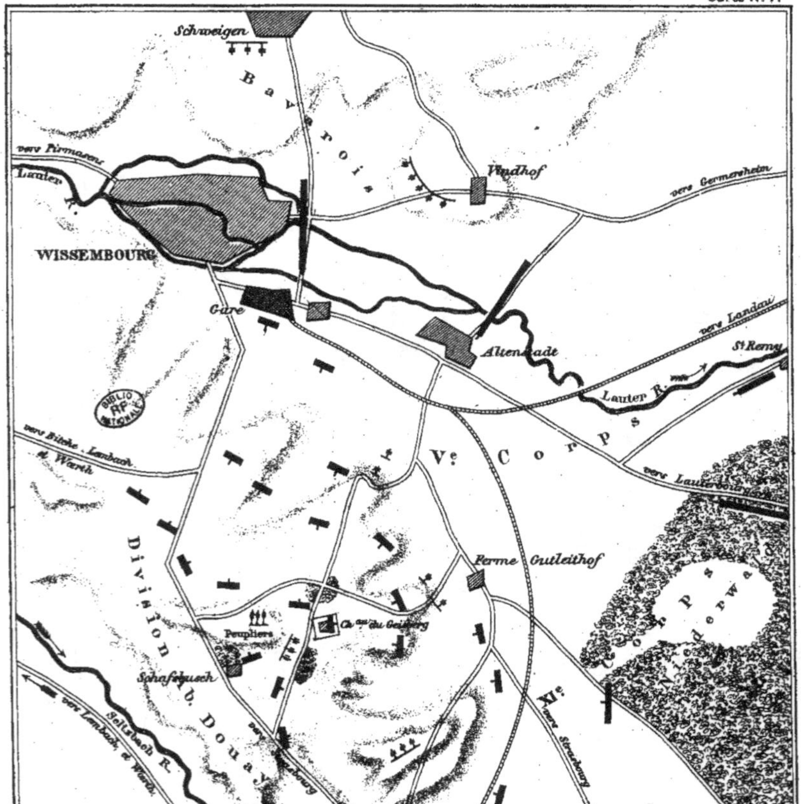
Bavarois
vers Pirmasens
Lauter
Windhof
vers Germersheim
WISSEMBOURG
Gare
Altenstadt
vers Landau
St Remy
Lauter R.
vers Lauterbourg
vers Bitche, Lembach et Wörth
V.º Corps
Ferme Gutleithof
Corps de Worth
vers Lembach et Wörth
Ch.ᵘ du Geisberg
Peupliers
Schafbusch
Selbach R.
XI.º
R. Chapelot et C.ⁱᵉ
Echelle : 25.000
0   1   2   3 Kilom.

FRŒSCHWILLER. _ Nuit du 5-6 Août 1870.

Carte N° 72

Echelle : 1/125.000 environ

0 1 2 3 4 5 10 Kil.

	Allemands	Français
à midi	▬	▬
1 heure 15	▨	
3 heures	▭	

6 Août 1870 _ WŒRTH _ FRŒSCHWILLER.

Carte N° 73

Echelle : 1/50.000

0 1 2 3 4 5 Kilom.

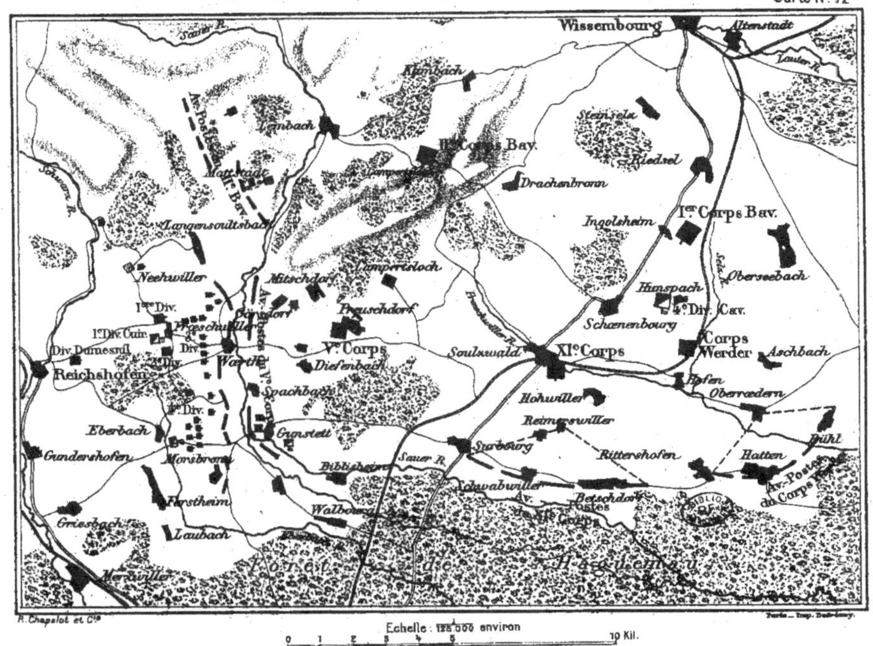

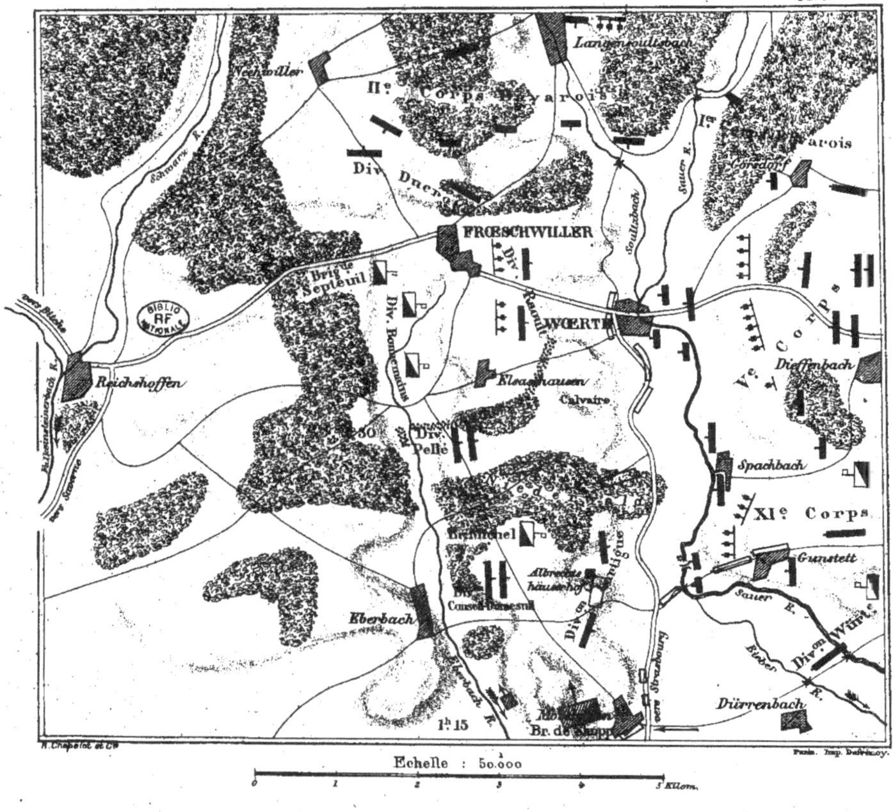

Wehrden
Volklingen
Fürstenhausen
Renne
Sarre R.
Burbach
Malstatt
SARREBRÜCK
St Jean
13e Division
Gersweiler
Klarenthal
Schönech
Glashütte
Klein-Rossel
Gross-Rossel
Forbach
Réservoir
Mn Weber
Emmersweiler
Stiring Wendel
Douaue
Bois de Spichern
Spichernwald
Bataille
Spicheren
Laveaucoupet
Forbacherberg
Rossberg
Galgenberg
27me
22me Brigade
Echelle : 50.000

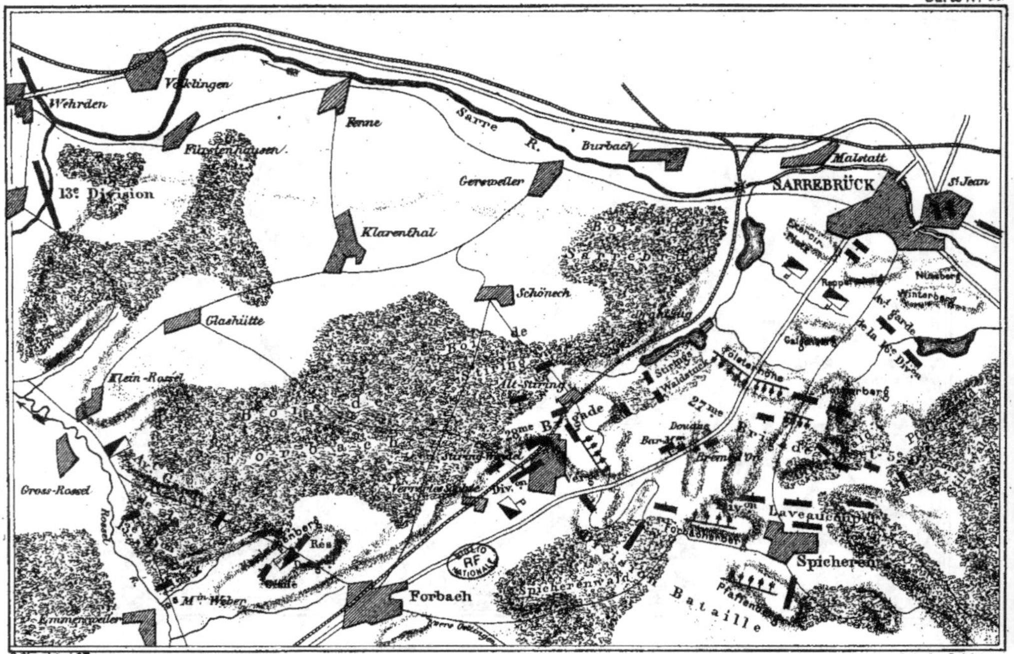

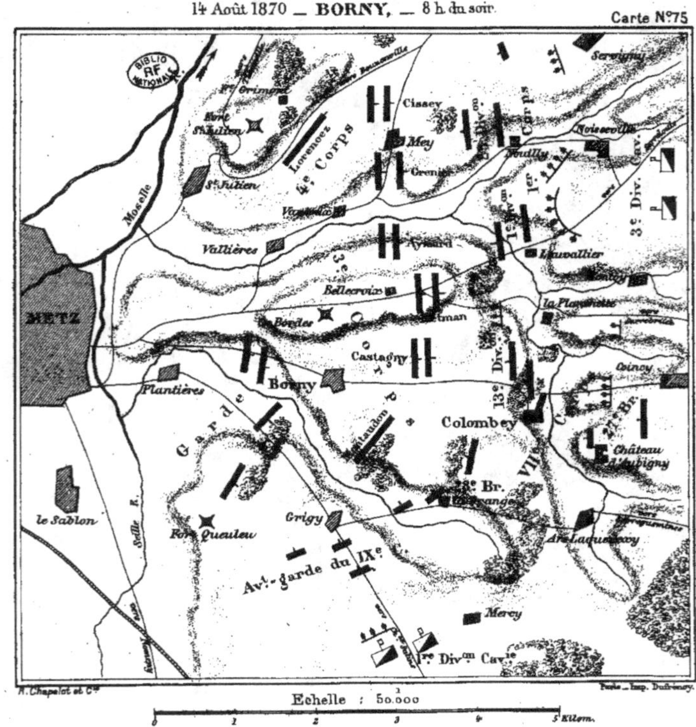

Fc Grimont
Bone St Julien
Lorenoez
St Julien
Vigneulles
Vallières
METZ
Moselle
Plantières
le Sablon
Fort Queuleu
Grigy
Av.t garde du IXe
Mercy
Colombey
Borny
Castagny
Bellecroix
Boyler
Aymard
Mey
Cissey
Grenier
Servigny
Noisseville
Nouilly
Lauvallier
la Planchette
Coincy
Château d'Aubigny
Ars-Laquenexy
4e Corps
3e
1er Corps
3e Div.
1er Corps
13e Div.
27me Br.
Saulude
1re Div.on Cav.ie
Echelle : 50.000

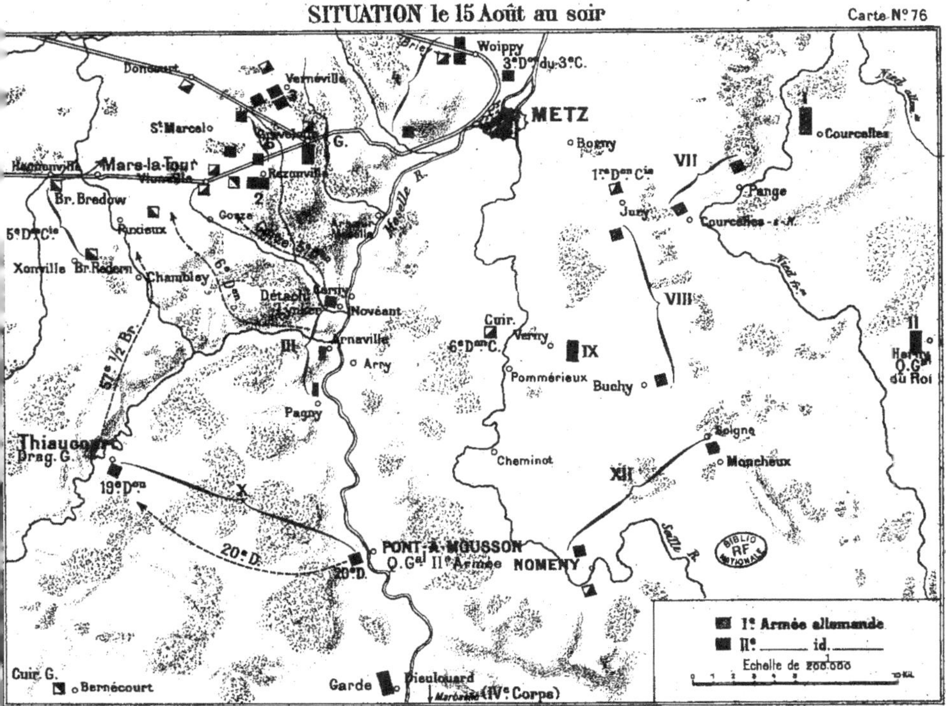

A. Chapelot et Cⁱᵉ

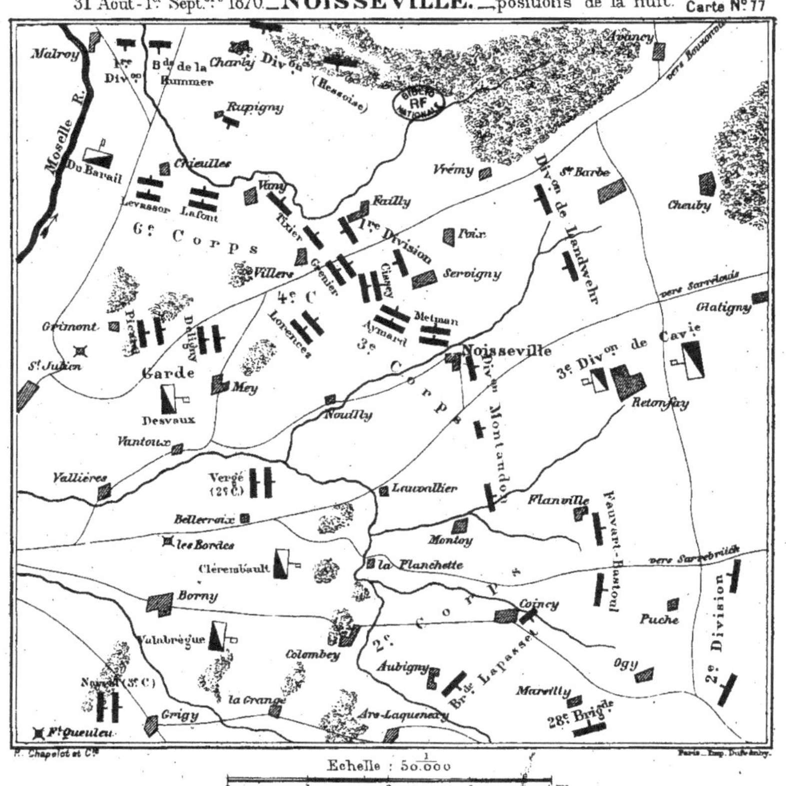

H. Chapelot et Cⁱᵉ   Paris — Imp. Dufrénoy.

Echelle : 1/50.000

Doncourt
Verneville
1° Corps de Ladmirault
Champenois
1° Div.
Lebœuf
3° Corps
2° Div.
Caulre
la Malmaison
Bréville
St Marcel   6° Corps
1° Div.
Villers
Canrobert
Villers
Rés. G.le Art.ie   Gravelotte
Garde
Bois de Tronville
3° Div.
Rezonville
Brig. Bredow
Div.
2°
Div.
1°
Div.
5° Div. Cav.
de Blumenthal
Brig. Lapasset
Brig. Bardy
Tronville
2° Corps
6° Div. Cav.
Duc de Mecklembourg
Brig. Redern
Br. Gruter Br. Rauch
R. Chapelot et C.ie
Détach.t Lehmann (37° Brig.)
parti de Thiaucourt le 16 à 5h matin vers Chambley.
Echelle : 1/50.000
Détach.t Lyncker (37° Brig.) à Novéant
(III° Corps) 6° Division remonte vers Mars-la-Tour
5° Division (ravin de Gorze.)
(X° Corps) 20° Division à Thiaucourt,
19° à Pont-à-Mousson.

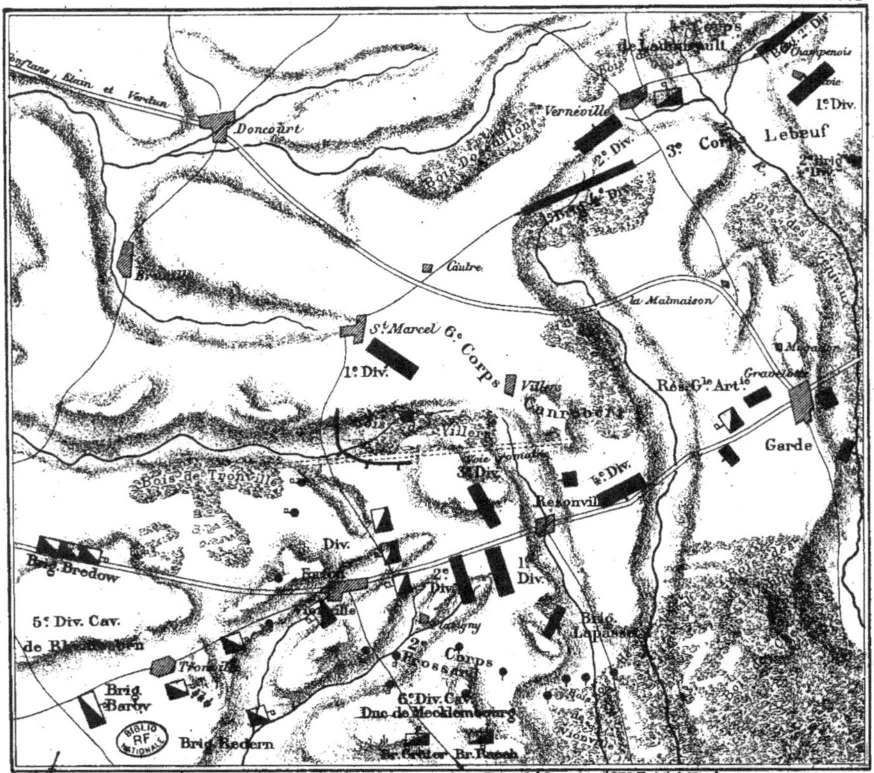

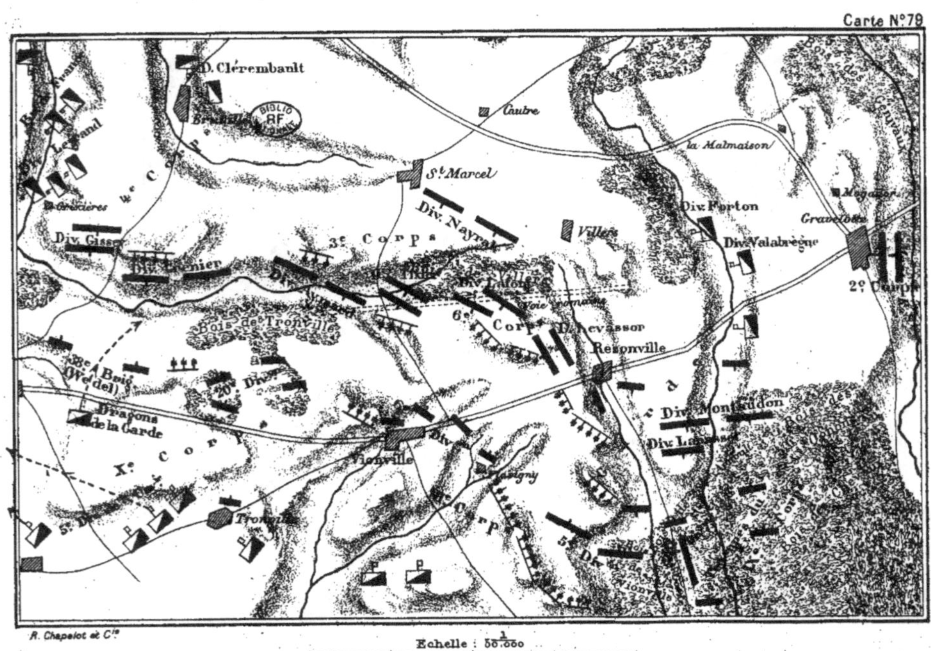

D. Clérembault
Bruville
Caulre
la Malmaison
St Marcel
X° Corps
Div. Nayral
Div. Gissa
3° Corps
Villers
Div. Forton
Gravelotte
Div. Valabrègue
Div. Lenier
Div.
Div. Villers
2° Corps
Bois de Tronville
6° Corps
Div. Nevassor
Rezonville
Br. Brig. (Wedell)
20° Div.
Div. Montaudon
Div. L...
Dragons de la Garde
X° Corps
Tronville
Vionville
Echelle : 1/50.000
R. Chapelot et C.ie

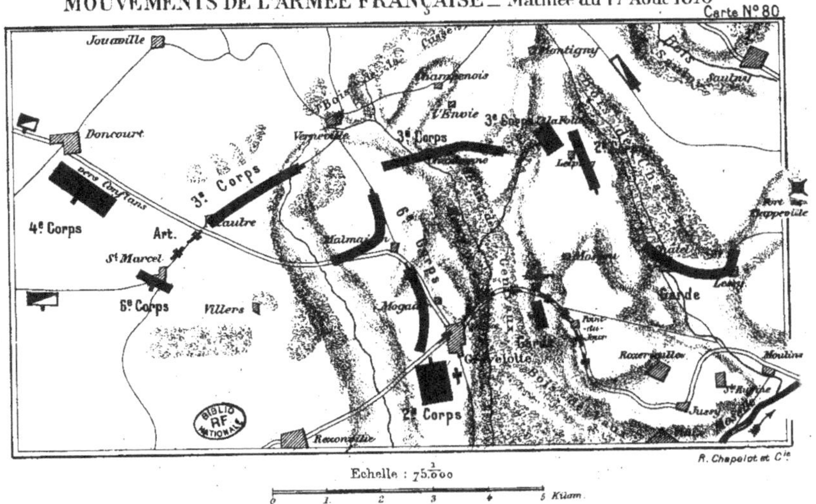

MOUVEMENTS DE L'ARMÉE FRANÇAISE — Matinée du 17 Août 1870
Carte N° 80
Jouaville
Doncourt
vers Conflans
4e Corps
St Marcel
6e Corps
Villers
3e Corps
Vernéville
3e Corps
Beautre
Malmaison
Moscou
Gravelotte
2e Corps
Rezonville
Champenois
L'Envie
3e Corps
Montigny
Bois
Saulny
la Folie
Leipzig
Amanvillers
Point du jour
Carrières
Grande
Roxerieulles
Jussy
Ste Ruffine
Moulins
Fort Plappeville
R. Chapelot et Cie
Echelle : 1/75.000
0   1   2   3   4   5 Kilom.

18 Août 1870   SAINT - PRIVAT   5 h. du soir.
Carte N° 81 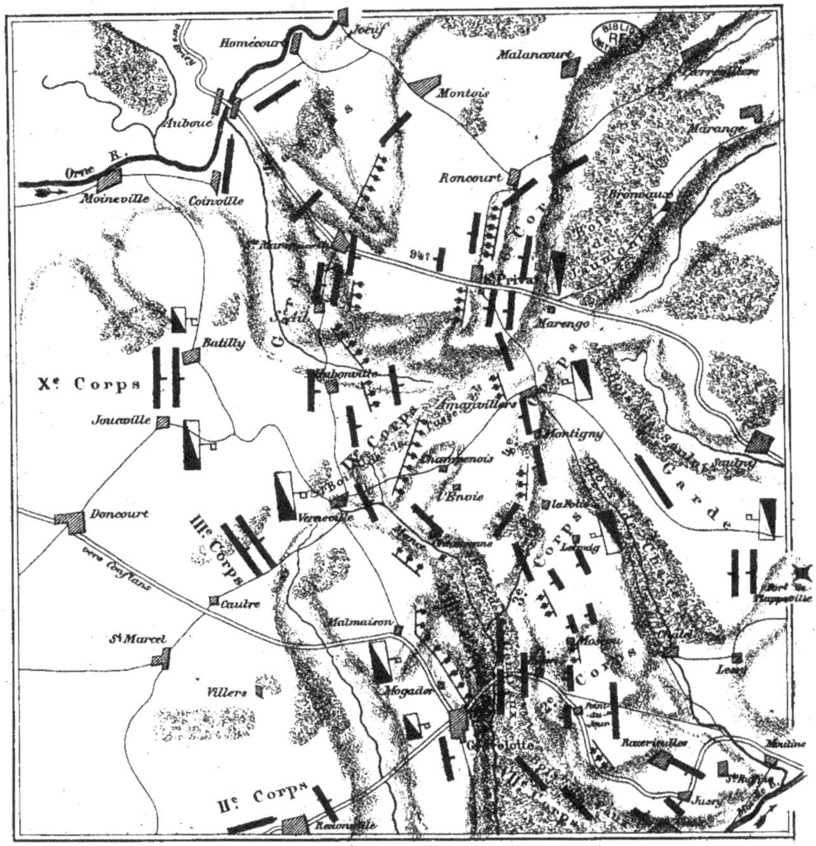
Homécourt
Jœuf
Malancourt
Montois
Marange
Auboué
Orne R.
Moineville
Coinville
Roncourt
Bronvaux
Bois de Jaumont
Marais
St Ail
Batilly
Xe Corps
Jouaville
IIIe Corps
Doncourt
vers Conflans
Beautre
St Marcel
Villers
IIe Corps
Rezonville
Habonville
Amanvillers
Montigny
Champenois
L'Envie
la Folie
Leipzig
Malmaison
Mogador
Gravelotte
St Privat
Marengo
Bois de la Garde
Saulny
Fort Plappeville
Roxerieulles
Jussy
Ste Ruffine
Moulins
Moselle R.
R. Chapelot et Cie
Echelle : 1/75.000
0   1   2   3   4   5 Kilom.

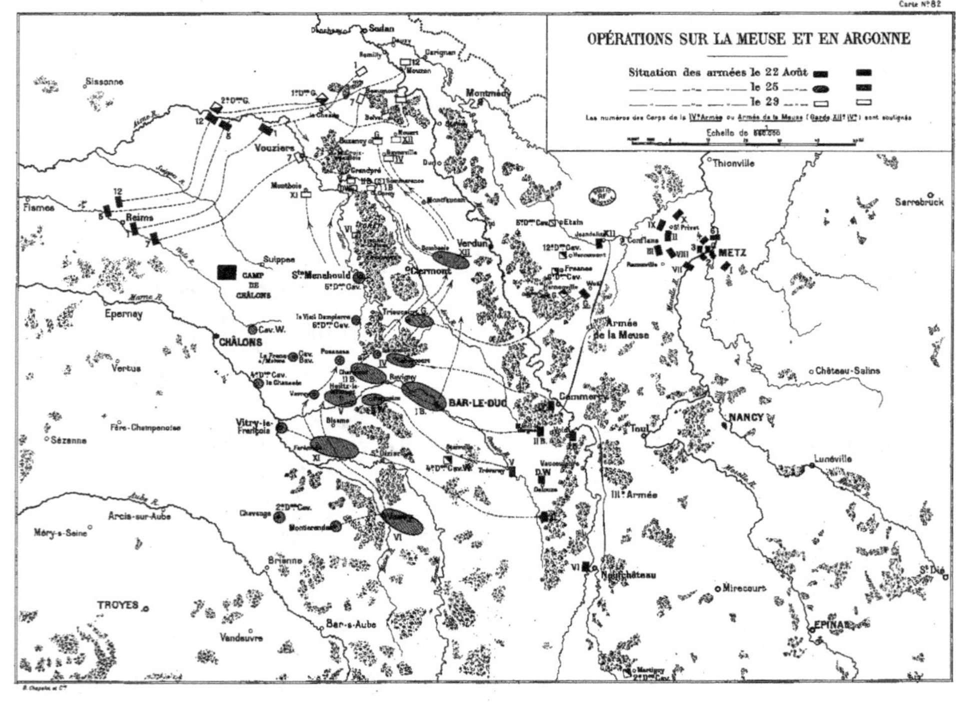

Carte Nº 82
OPÉRATIONS SUR LA MEUSE ET EN ARGONNE
Situation des armées le 22 Août
le 25
le 29
Les numéros des Corps de la IVᵉ Armée ou Armée de la Meuse (Garde XIIᵉ Vᵉ) sont soulignés
Echelle de 550.000
Sedan
Carignan
Montmédy
Thionville
Sarrebruck
Vouziers
Fismes
Reims
Suippes
CAMP DE CHÂLONS
Ste Menehould
Clermont
Verdun
Etain
Conflans
METZ
Epernay
CHÂLONS
Vertus
Revigny
BAR-LE-DUC
Commercy
Château-Salins
NANCY
Fère-Champenoise
Sézanne
Vitry-le-François
Toul
Lunéville
Arcis-sur-Aube
Méry-s-Seine
Chavanges
Montierender
Neufchâteau
Mirecourt
St Dié
TROYES
Brienne
EPINAL
Vandœuvre
Bar-s-Aube

Raucourt
Autrécourt
Poncay
Mouzon
Pourron
le Faubourg
vers Stenay
Mt de Brune
Fe Givodeau
BIBLIO RF NATIONALE
Villemontry
le Gresil
R. Corps
12e Corps
Voie romaine
Yoncq Rau
la Sartelle
Meuse
Bois de l'Alga
Yoncq
Fe Alma
la Besace
5e Corps
M. Garnoterie
St. Pelou
vers Stonne et le Chesne
Ormond Dumesnil
Lehaute
Warniforêt
la Thibaudine
Bivouacs
Pouilly
Bois du Grand Dieu
Beaumont
Bivouacs
Fe Vanume
Fer Grand Dieu
Ie Forêt
Bois de Muno
Hospice
Fe Beaulieu
Saint-Gaudron
XIIe Corps
Tuilerie
Beauséjour
Belle-Volte
Corps
Bois de Sommauthe
Belle-Tour
Bois de Port-Couche
Fontaine de Pierre
Bois du Petit-Dieulet
Wanme
Forêt de Dieulet
R. Chapelot et Cie
Echelle : 1/50.000
0   1   2   3 Kilom.

1ᵉʳ Septembre 1870. — **SEDAN** — vers 7 heures du matin.

Carte N°84

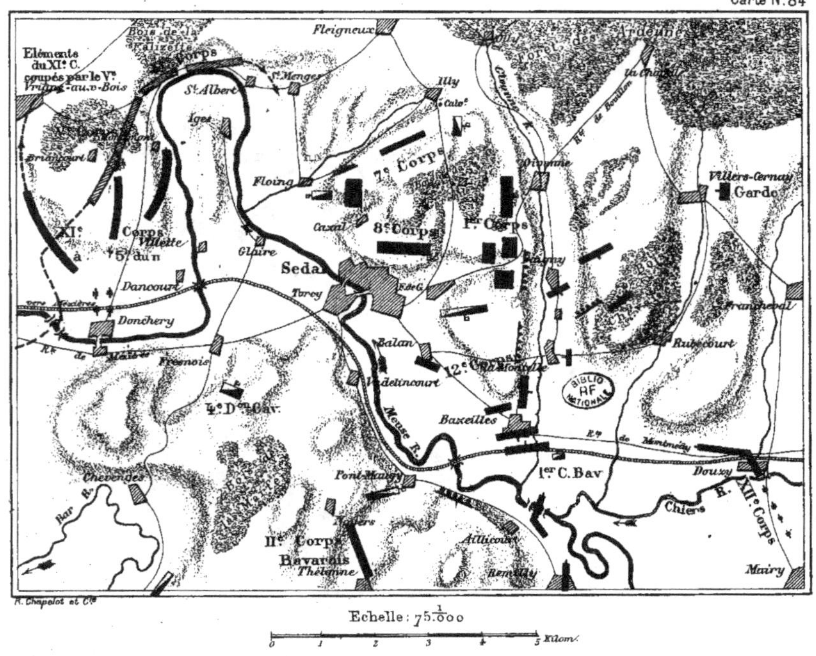

1ᵉʳ Septembre 1870. — **SEDAN** — midi.

Carte N°85

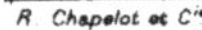

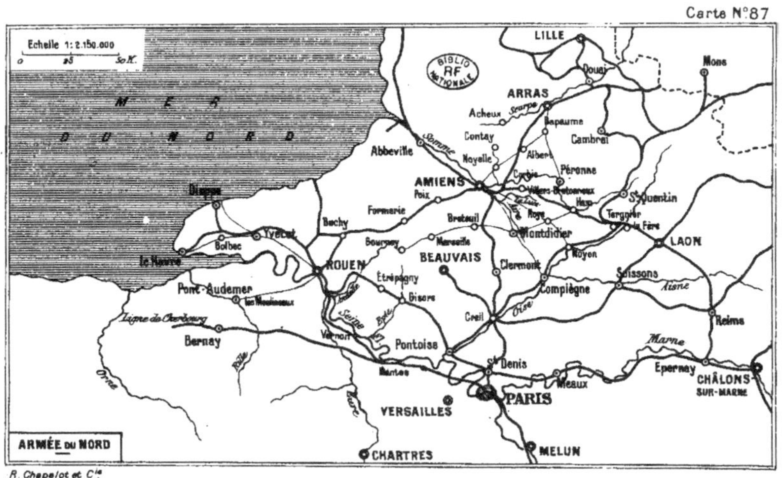
Mortagne
ALENÇON
Mayenne
Bellesme
Bonnétable
Nogent-le-Rotrou
Toury
Pithiviers
Sillé-le-Guillaume
la Ferté Bernard
Villepion
Loigny
Artenay
Beaune-la-Rolande
Connerré
Châteaudun
Patay
LAVAL
Ardenay
Orgué
Clayes
St-Hilary
St Calais
LE MANS
Arnage
Baudoire
Freteval
Morée
Coulmiers
ORLÉANS
Périgné
Epuisay
Marchenoir
Baccon
Gd Lucé
Vendôme
Josnes
Meung
SOLOGNE
la Flèche
Loir
Ch. du Loir
la Chartre
Loir Fl.
Beaugency
ANGERS
le Lude
Ch. Regnault
BLOIS
l'Étg-Salbris
Bauge
TOURS
BIBLIO RF NATIONALE
2e ARMÉE de la LOIRE
Loire Fl.
Loire Fl.
Saumur
Echelle 1:750.000
0   25   50 K.
R. Chapelot et Cie

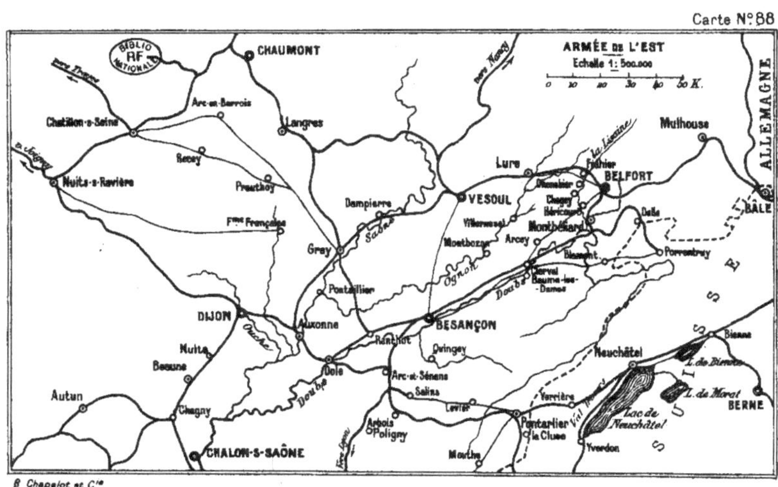
Echelle 1:2.150.000
0   25   50 K.
LILLE
Mons
MER DU NORD
BIBLIO RF NATIONALE
Douai
ARRAS
Acheux
Scarpe
Bapaume
Cambrai
Contay
Abbeville
Noyelle
Albert
Péronne
Somme
AMIENS
Corbie
St-Quentin
Dieppe
Poix
Villers-Bretonneux
Ham
Formerie
Bréteuil
Roye
Tergnier
la Fère
Bacqy
Bourgay
Marseille
Montdidier
LAON
le Havre
Bolbec
Yvetot
Noyon
Clermont
Soissons
Aisne
Étrépagny
Compiègne
Pont-Audemer
les Moulineaux
Gisors
Reims
ROUEN
Creil
Oise
Ligne de Cherbourg
Marne
Bernay
Vernon
Pontoise
Epernay
CHÂLONS-SUR-MARNE
Orne
St-Denis
Mantes
PARIS
Meaux
VERSAILLES
CHARTRES
MELUN
ARMÉE du NORD
R. Chapelot et Cie

ARMÉE de L'EST
CHAUMONT
vers Nancy
Echelle 1:500.000
0   10   20   30   40   50 K.
ALLEMAGNE
BIBLIO RF NATIONALE
vers Troyes
Arc-en-Barrois
Mulhouse
Châtillon-s-Seine
Langres
Recey
la Lisaine
Lure
Fontaine
BELFORT
Nuits-s-Ravière
Préauthoy
Dampierre
VESOUL
Chenay
Héricourt
Delle
BÂLE
Fme Française
Villersexel
Montbéliard
Gray
Saône
Montbozon
Arcey
Porrentruy
Pontailler
Ognon
Blamont
Marval
Baume-les-Dames
Doubs
DIJON
Auxonne
BESANÇON
Ranchot
Bienne
Nuits
Ouche
Quingey
Neuchâtel
L. de Bienne
Beaune
Dole
Arc-et-Senans
L. de Morat
Autun
Doubs
Salins
BERNE
Chagny
Levier
Verrières
Arbois
Lac de Neuchâtel
Poligny
Pontarlier
la Cluse
CHALON-S-SAÔNE
Mouthe
Yverdon
B. Chapelot et Cie

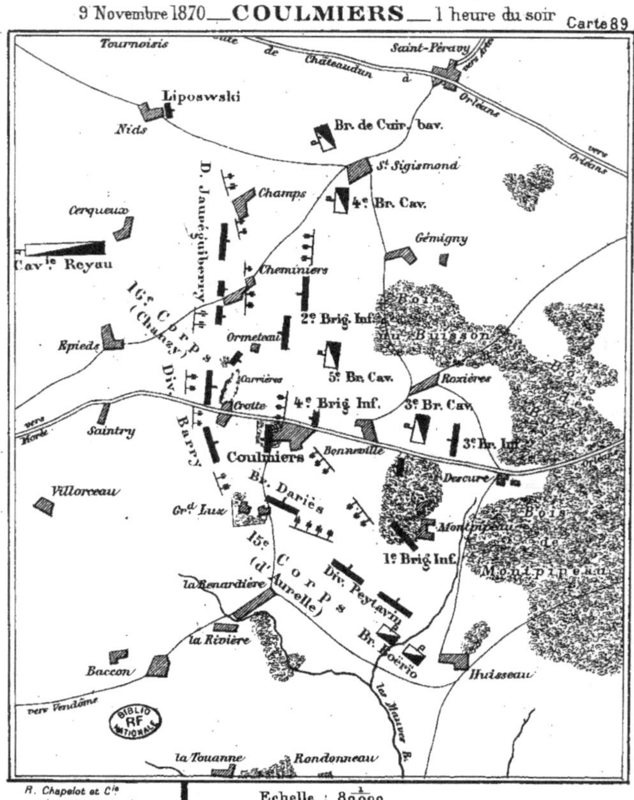

9 Novembre 1870 — COULMIERS — 1 heure du soir — Carte 89
Tournoisis
Route de Châteaudun à Orléans
Saint-Péravy
vers Orléans
Liposwski
Nids
Br. de Cuir. bav.
St Sigismond
Champs
4e Br. Cav.
Cerqueux
Gémigny
D. Jauréguiberry
Cheminiers
Cavle Reyau
Bois du Buisson
16e Corps (Chanzy)
2e Brig. Inf.
Ormeteau
Epieds
5e Br. Cav.
Roxières
Carrières
4e Brig. Inf.
3e Br. Cav.
Crotte
Saintry
Div. Barry
3e Br. Inf.
Coulmiers
Bonneville
Descure
Villorceau
Br. Dariès
Grd Luz
Montpipeau
Bois de Montpipeau
15e Corps (d'Aurelle)
1e Brig. Inf.
Div. Peytavin
Br. Poërio
la Renardière
la Rivière
Huisseau
Baccon
vers Vendôme
la Touanne
Rondonneau
R. Chapelot et Cie
Br. Rebillard
Echelle : 1/80.000
0 1 2 3 4 5 Kilom.

28 Novbre 1870 — BEAUNE-LA-ROLANDE — 4 h. du soir — Cartes Nos 90 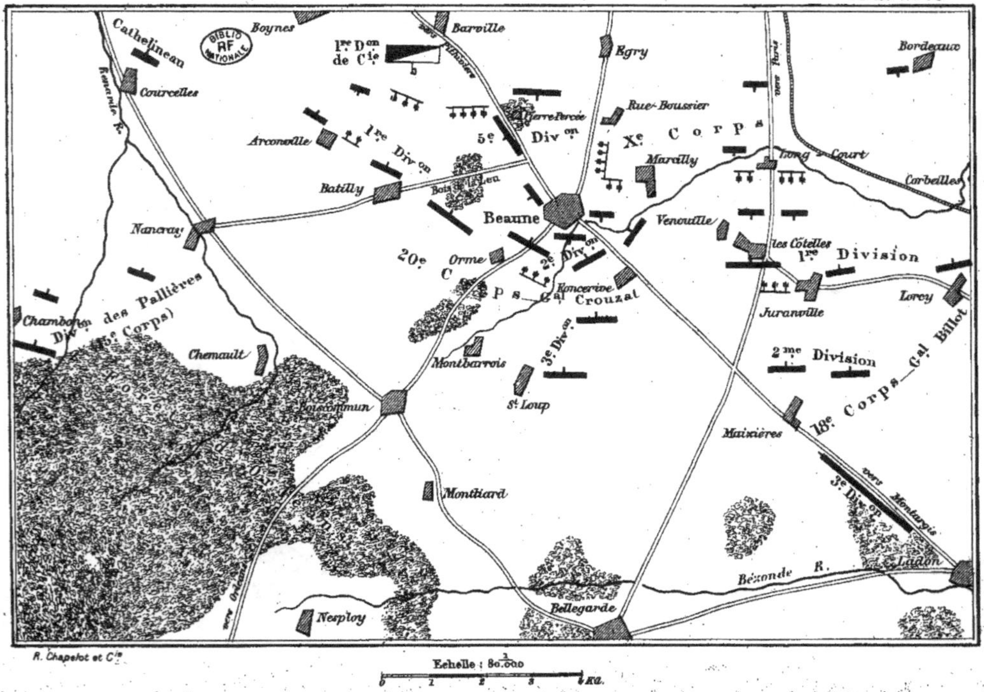
Cathelineau
Boynes
Barville
Egry
vers Paris
Bordeaux
Courcelles
1re Dion de Cle
Arconville
1re Div on
Rue-Boussier
Xe Corps
Batilly
Bois St Leu
5e
Barre-Percée
Div on
Marilly
Long-Court
Corbeilles
Nancray
Beaune
Venouille
les Côtelles
1re Division
20e Corps
Orme
3e Div on
Loroy
Chambon
Div. des Pallières (16e Corps)
Concerine
Gal Crouzat
Juranville
2me Division
18e Corps Gal Billot
Chemault
3e Div on
Montbarrois
St Loup
Maxières
Boiscommun
Montliard
3e Div on
vers Montargis
Ladon
Bézonde R.
Nesploy
Bellegarde
R. Chapelot et Cie
Echelle : 1/80.000
0 1 2 3 4 Kil.

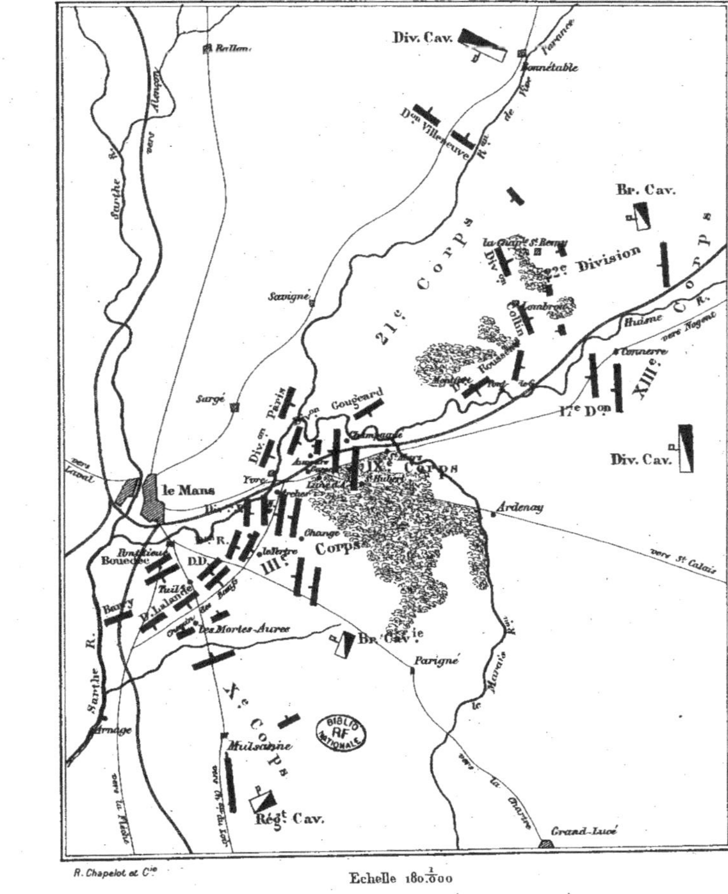

2 Décembre 1870 { LOIGNY — midi. / POUPRY — 4 heures du soir. Carte 91
Nord
Div. Martineau
Artenay
15e Corps
Santilly
Dambron
Div. Peytavin
Autroches
Auvilliers
P
3e Br. Cav.
22e Division
Poupry
Baigneaux
Anneux
Div.on
Domainville
Bazoches
22e
Lumeau
Div. Maurandy
Tillai
L.e D.on
Chartres à Orléans
Champdoux
Echelles
Neuvilliers
Loury
Villeprévost
1er Corps Bav.
Koutillon
Terre-Noire
Tanon
Beauvilliers
Div.on
Terminiers
Div. Jauréguiberry
16e Corps
Villours
Rouvray
Mordelem
Loigny
Fougeu
Faverolles
la Maladerie
Villepion
Div.
17e Corps
RF NATIONALE
Muxelles
Orgères
Gommiers
Div.on Michel (du 16e Corps)
Friteuse
Villevé
Nonneville
P
9e Br. Cav.
Gaillard
Conie R.
Be. Cuir. Bav.
Chauvreau
Villepereux
Guillonville
R. Chapelot et Cie.
Echelle : 1/80.000
0 1 2 3 4 Kil.

11 Janvier 1871 — LE MANS — 6 heures du soir.
Carte N°92
Div. Cav.
B. Ballon
Bonnétable
D.on Villeneuve
de Ferrté
Br. Cav.
21e Corps
la Chap.le St Remy
Div.s
22e Division
Savigné
Collin
Coulonbrée
Huisne R.
vers Nogent
Sargé
Div.on Paris
Gougeard
XIIIe.
Moitron
17e D.on
le Mans
Div. Cav.
IXe Corps
Yvré
Ardenay
vers St Calais
Corps
Pontlieue
IIIe Corps
Bouedse
D.D.
la Fertre
Baxy
D.on Lalande
les Mortes-Aures
Br. Cav.e
Parigné
Sarthe R.
Arnage
Xe Corps
BIBLIO RF NATIONALE
Mulsanne
P
Rég.t Cav.
Grand-Lucé
R. Chapelot et Cie.
Echelle 1/180.000
0 1 2 3 4 5   10   15 Kilom.

27 Novembre 1870. — AMIENS. — 2 heures du soir.
Carte N° 93

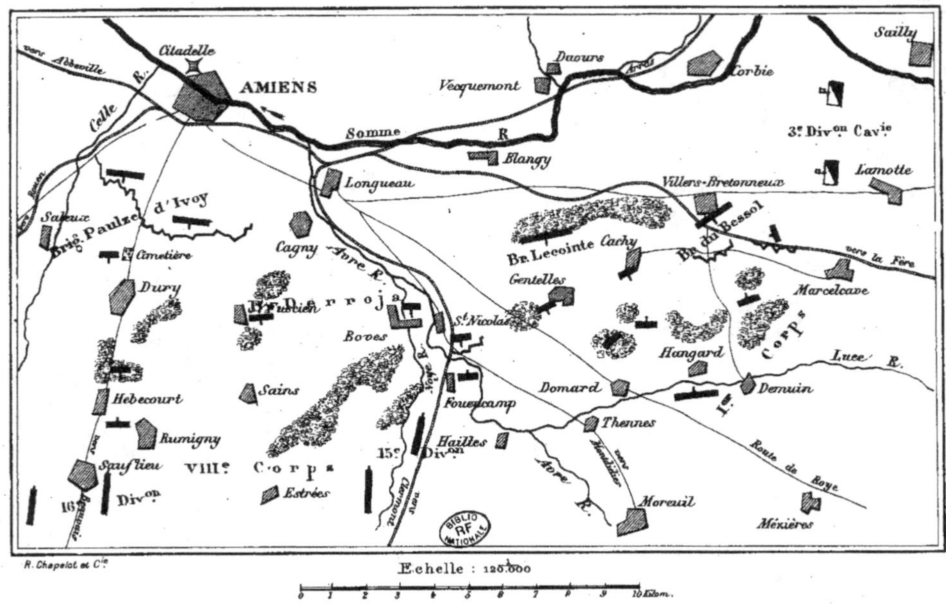
vers Abbeville
Citadelle
AMIENS
Celle R.
Somme
R.
Vecquemont
Daours
Arras
Corbie
Sailly
3ᵉ Div.ᵒⁿ Cav.ⁱᵉ
Blangy
Longueau
Villers-Bretonneux
Lamotte
Saleux
Brig. Paulze d'Ivoy
Cimetière
Cagny
Avre R.
Derroja
St Nicolas
Br. Lecointe
Cachy
Br. du Bessol
vers la Fère
Gentelles
Marcelcave
Dury
F.ᵗ Lucien
Boves
Corps
Luce R.
Sains
Hangard
Hebecourt
Fouencamp
Domard
Demuin
Rumigny
Thennes
Route de Roye
Sauflieu
Hailles
Avre R.
16ᵉ Div.ᵒⁿ
VIIIᵉ Corps
15ᵉ Div.ᵒⁿ
Estrées
Moreuil
Méxières
R. Chapelot et Cⁱᵉ
Echelle : 1/120.000
0 1 2 3 4 5 6 7 8 9 10 Kilom.

3 Janvier. 1871. — BAPAUME. — 4 heures du soir.
Carte N° 95

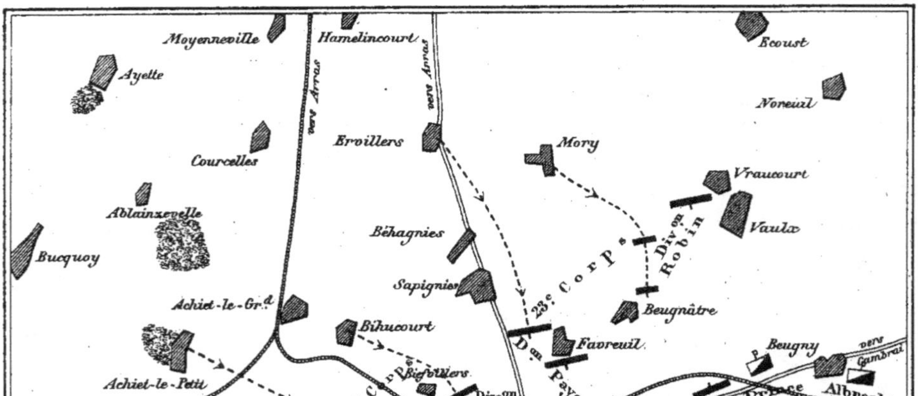

Moyenneville
Hamelincourt
vers Arras
vers Arras
Ecoust
Ayette
Noreuil
Courcelles
Eroillers
Mory
Vraucourt
Ablainzevelle
Vaulx
Béhagnies
23ᵉ Corps
Div.ᵒⁿ Robin
Bucquoy
Sapignies
Beugnâtre
Achiet-le-Gr.ᵈ
Bihucourt
Favreuil
Beugny
vers Cambrai
Biefvillers
Div.ᵒⁿ Payen
Div.ᵒⁿ du Bessol
St Aubin
Prince Albrecht
Achiet-le-Petit
22ᵉ C.
Frémicourt
Bapaume
Grévillers
Avesnes
15ᵉ Div.ᵒⁿ
Baucourt
Irles
Div.ᵒⁿ Derroja
Thilloy
Haplincourt
Miraumont
Ligny
Riencourt
Pys
Varlencourt
Villers
Von Gröben
Beaulencourt
vers Amiens
Gueudecourt
Renforts envoyés de Péronne
le Transloy
vers Albert
R. Chapelot et Cⁱᵉ
Echelle : 1/80.000
0 1 2 3 4 5 Kilom.

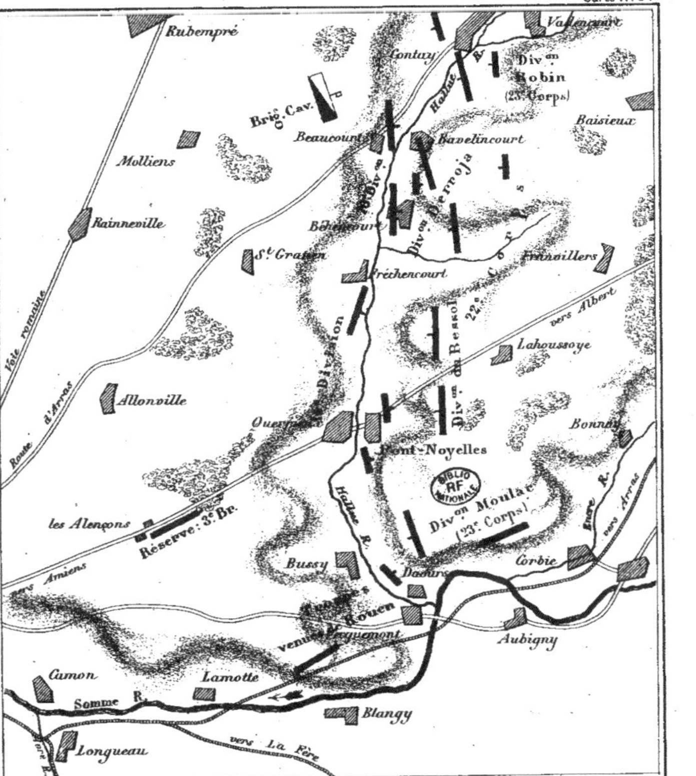

23 Déc.bre 1870 — PONT-NOYELLES OU L'HALLUE — 6h. du soir.

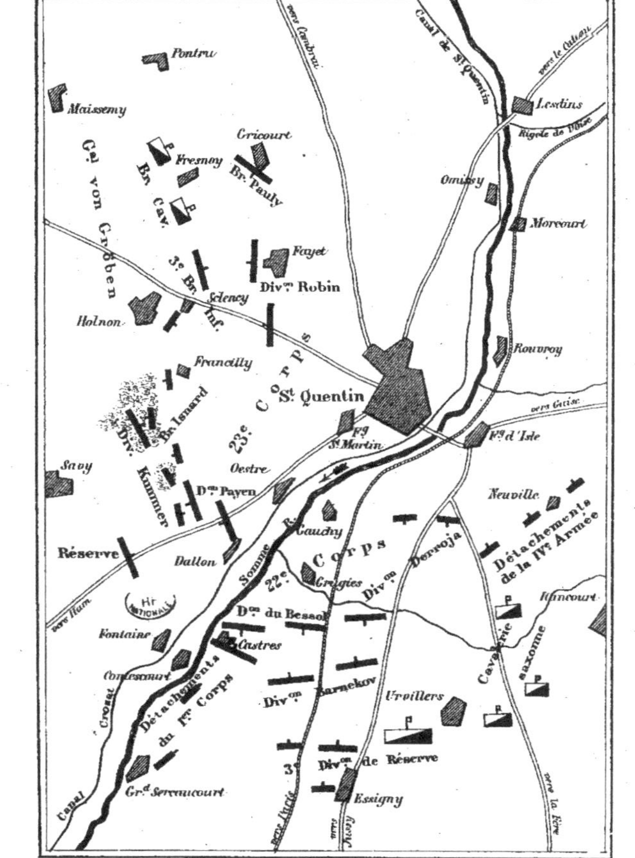

19 Janvier 1871 — SAINT-QUENTIN — 2 heures du soir

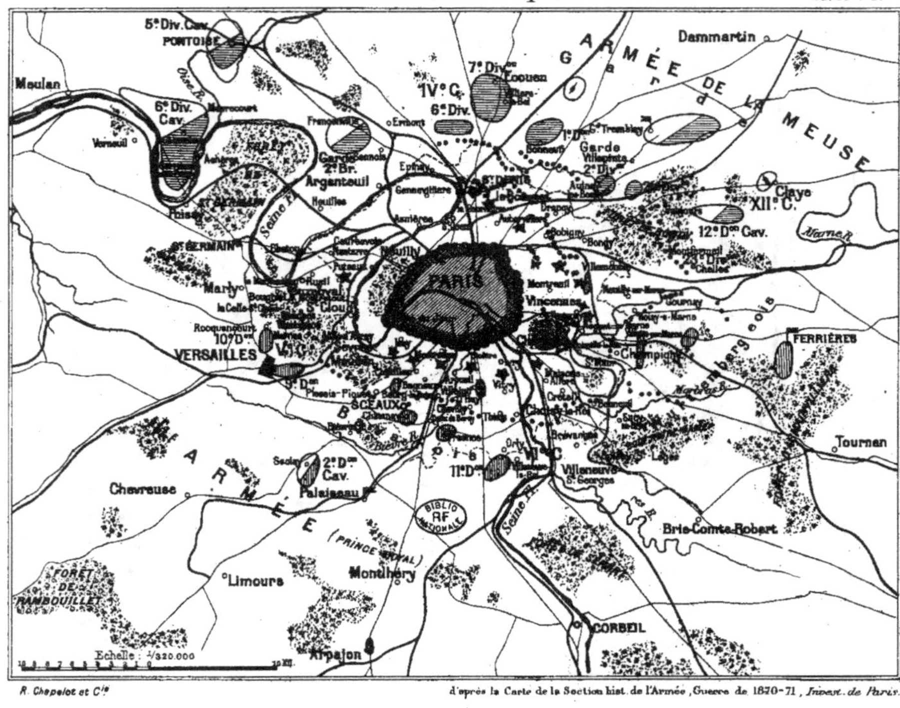

INVESTISSEMENT DE PARIS. (Septembre 1870). Carte N° 97

R. Chepelot et Cie

d'après la Carte de la Section hist. de l'Armée, Guerre de 1870-71, *Invest. de Paris.*

Carte N° 98

30 Novembre 1870 — VILLIERS — 3 heures et demie du soir.

2 Décembre 1870 — CHAMPIGNY — "

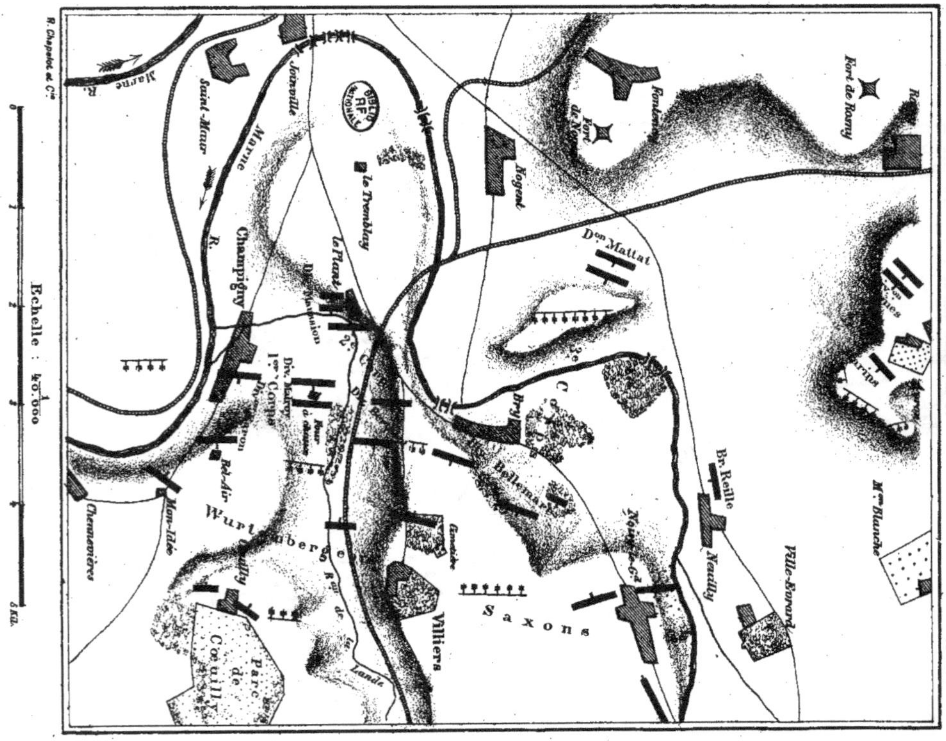

9 Janvier 1871 — **VILLERSEXEL** — 3 heures soir Carte N°99

R. Chapelot et C.ie

Echelle : 50.000

15, 16 et 17 Janvier 1871 — **HÉRICOURT** OU LA **LISAINE** — Positions du 15 Carte 100

R. Chapelot et C.ie

Echelle 80.000

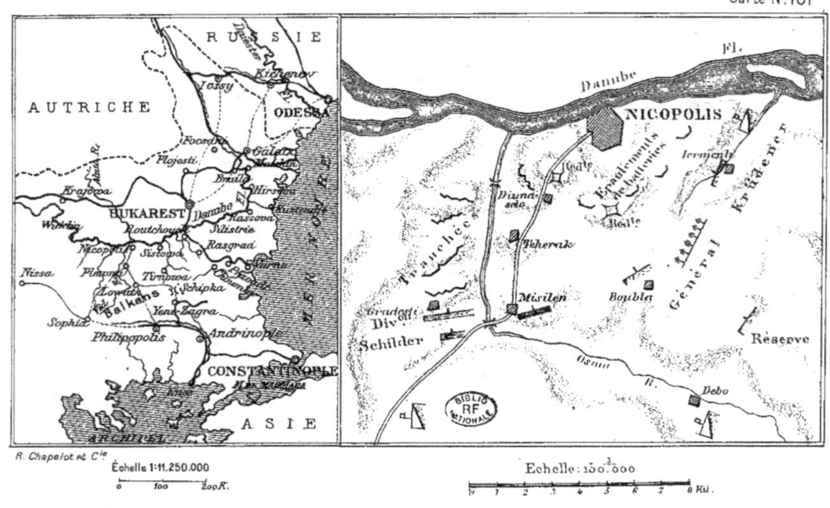

RUSSIE
AUTRICHE
Kichenev
Jassy
ODESSA
Focsani
Galatz
Plojesti
Braila
Krajova
Hirsova
Kassova
BUKAREST
Danube
Silistrie
Witklis
Routchouc
Nicopolis
Sistova
Rasgrad
Nissa
Plevna
Tirnova
Varna
Lowtts
Schipka
Balkans
Yeni Zagra
Sophia
Andrinople
Philippopolis
CONSTANTINOPLE
ASIE
ARCHIPEL
R. Chapelot et Cie
Échelle 1:11.250.000
0   100   200 K.

Fl.
Danube
NICOPOLIS
Iernjeni
Bede
Diundscio
Emplacements de batteries
Tranchée
Tcherak
Redte
Général Kriüdener
Boublas
Misilen
Grudoff Div.
Schilder
Osma
R.
Réserve
Debo
BIBLIO RF NATIONALE
Échelle: 1/150.000
0 1 2 3 4 5 6 7 8 Kil.

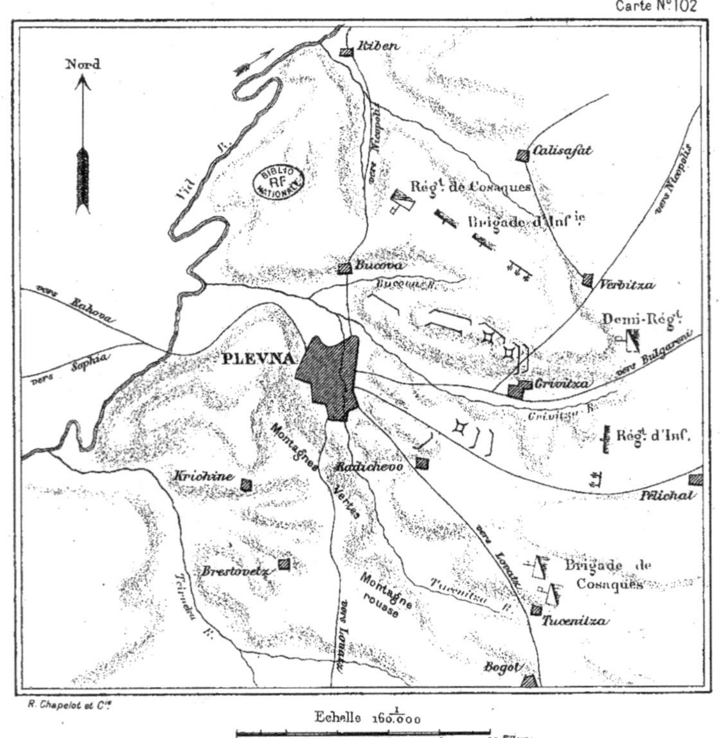

Nord
Riben
Calisafat
Vid R.
BIBLIO RF NATIONALE
Rég.t de Cosaques
Brigade d'Inf.ie
Bucova
Bucova R.
Verbitza
vers Rahova
Demi-Rég.t
vers Bulgareni
Plevna
Grivitza
Sophia
vers
Grivitza R.
Rég.t d'Inf.
Montagne
Verte
Plichat
Krichine
Radichevo
vers Lowtsa
Brestovetz
Montagne rouse
Tuenitza R.
Brigade de Cosaques
Tcenitza R.
Tucenitza
Bogot
R. Chapelot et Cie
Échelle 1/160.000
0 1 2 4 6 8   10 Kilom.

30 Juillet 1877 — 2e BATAILLE DE PLEVNA — 3 h. du soir.
Carte N° 103
Nord
Vid R.
vers Nicopolis
Calisafat
vers Rahova
Bucova
Bucova R.
Verbitza
IXe Corps
vers Bulgareni
PLEVNA
Grivitza
Grivitza R.
vers Sophia
Monts...
Krichine
Radichevo
Verbo
Div. ou Schakovskoi
Réserve
Pélichat
vers Lovatz
Brestovetz
Tiroval R.
Montagne rousse
Tsarnitza R.
Tucenitza
BIBLIO RF NATIONALE
Lovatz R.
Bogot
R. Chapelot et Cie
Echelle 1/160.000
0 1 2   4   6   8   10 Kilom

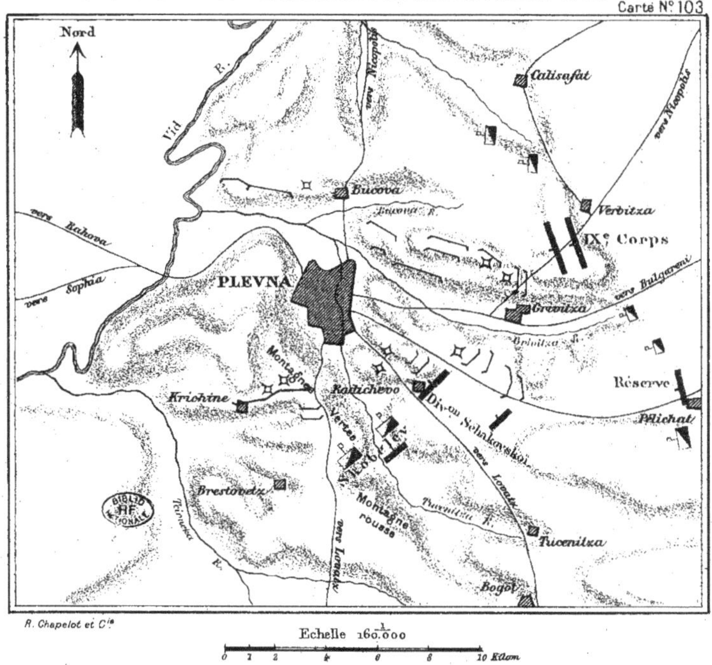

7-12 Septembre 1877 3e BATAILLE DE PLEVNA — Positions du 12 au m.
Carte N° 104
Nord
Vid R.
vers Nicopolis
Calisafat
BIBLIO RF NATIONALE
R o u m a i n s
vers Rahova
Bucova
Bucova R.
Verbitza
vers Sophia
PLEVNA
Grivitza
Div. Cavle
Grivitza R.
vers Bulgareni
Monts...
IXe Corps
Krichine
Radichevo
Verbo
Réserve
Pélichat
Skobelev
IVe Corps
Brestovetz
Brig. Cavle
Tucenitza R.
Teirovo R.
Montagne rousse
vers Lovatz
Détach. Imeretinski
Tucenitza
Bogot
R. Chapelot et Cie
Echelle 1/160.000
0 1 2   4   6   8   10 Kilom

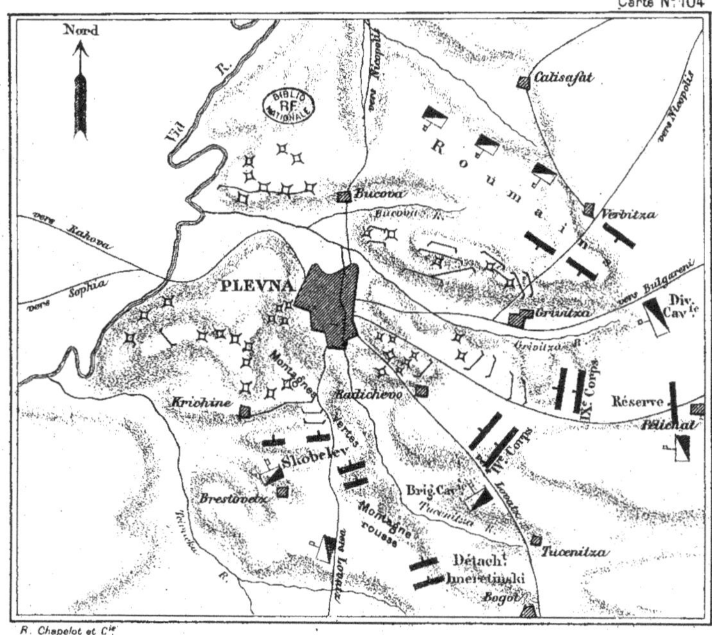

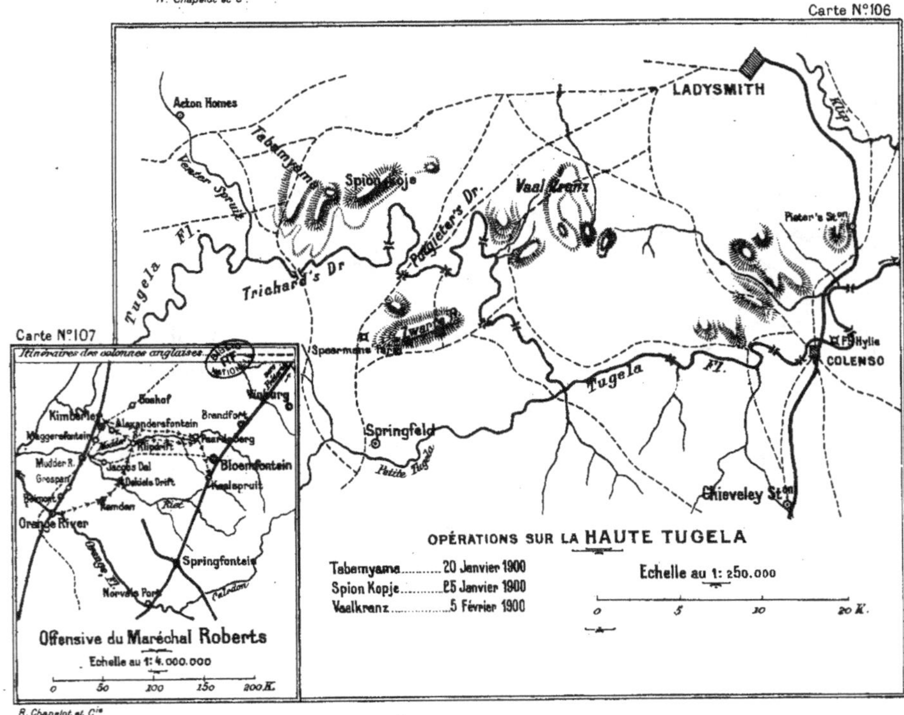

R. Chapelot et Cie

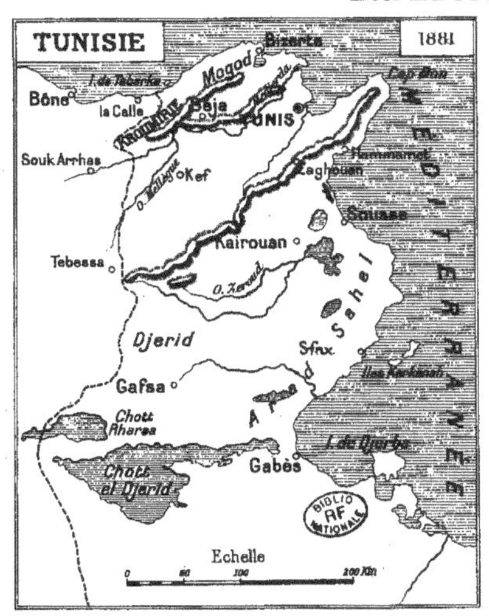

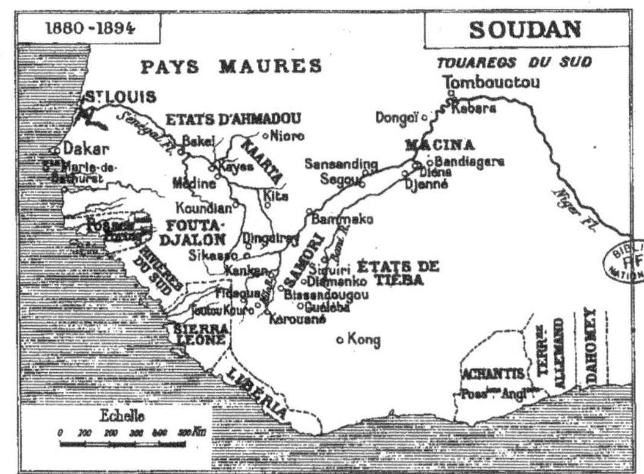

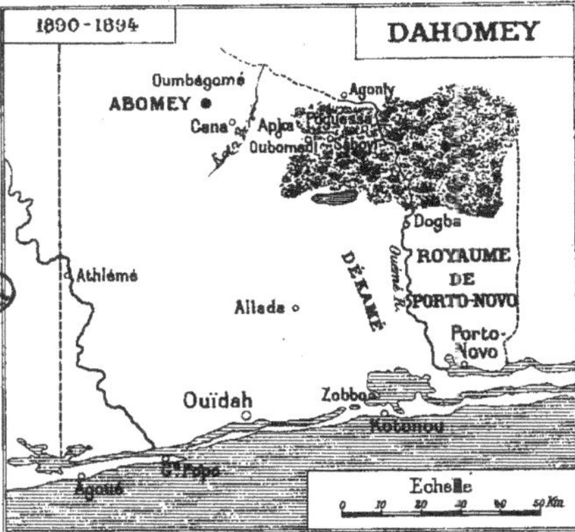

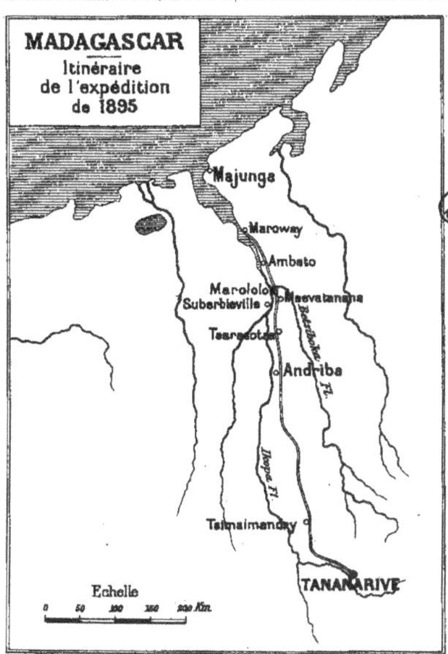

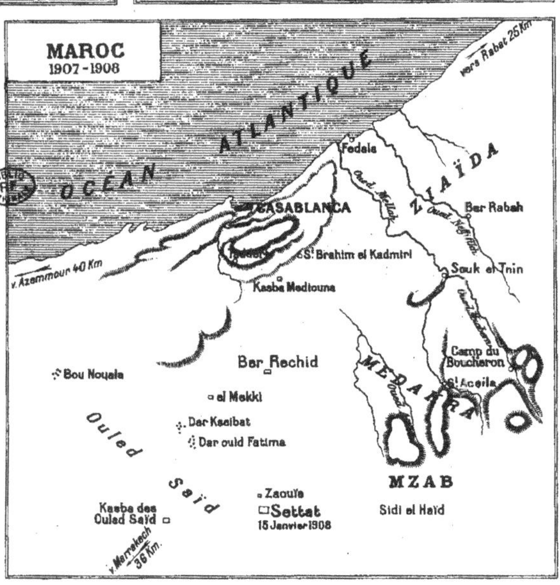

R. Chapelot et Cie

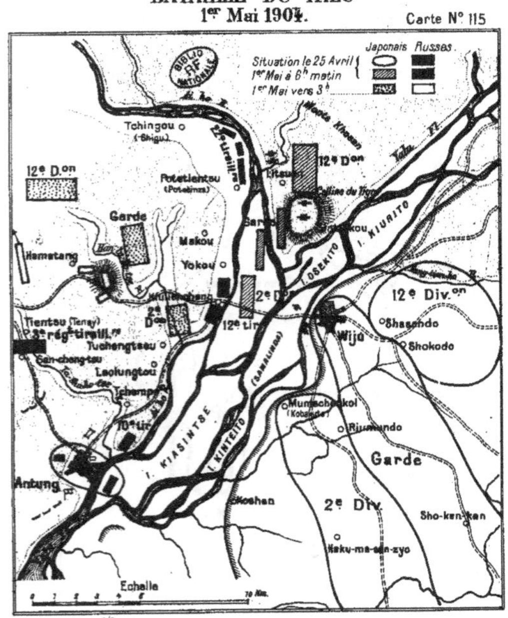

GUERRE RUSSO – JAPONAISE
Situation vers le 25 Avril 1904.
Carte N° 114 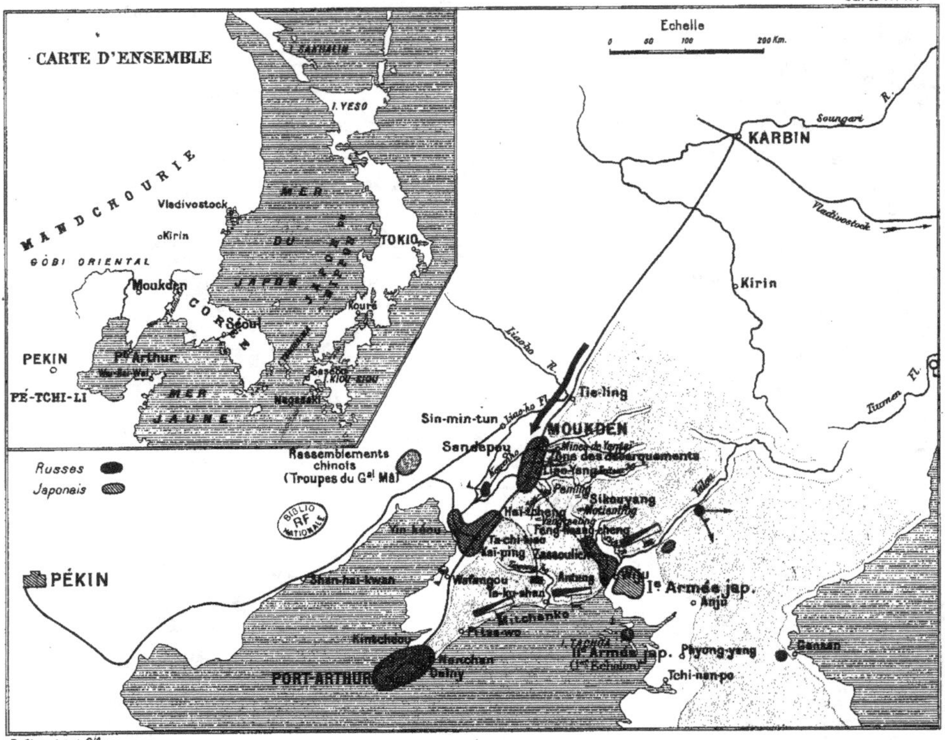
CARTE D'ENSEMBLE
Echelle
0 50 100 200 Km.
MANDCHOURIE
GOBI ORIENTAL
Vladivostock
Kirin
Moukden
MER DU JAPON
TOKIO
CORÉE
Séoul
Kouré
PEKIN
Pt Arthur
Wei-Hai-Wei
KIOU-SIOU
PÉ-TCHI-LI
MER JAUNE
Nagasaki
I. SAKHALIN
I. YESO
KARBIN
Soungari
Vladivostock
Kirin
Liao-ho Fl.
Tie-ling
Sin-min-tun
MOUKDEN
Sandepou
Ligne des débarquements
Mine de Yentaï
Liao-Yang
Feuling
Sikouyang
Motianling
Hai-tcheng
Fong-houang-tcheng
Ta-chi-tao
Kai-ping
Yassoulien
Antung
Yalu
1re Armée jap.
Anju
Russes
Japonais
Rassemblements chinois
(Troupes du Gal Ma)
Yin-kiou
Wafangou
Ta-ku-shan
Mitchenko
Pi-tsa-wo
Kintchéou
Nanchan
Dalny
PORT-ARTHUR
Shin-hai-kwan
IIe Armée jap.
(1er Echelon)
Phyong-yang
Tchi-nan-po
Gansan
PÉKIN
R. Chapelot et Cie

BATAILLE DU YALU
1er Mai 1904.
Carte N° 115
Japonais Russes
Situation le 25 Avril
1er Mai à 6h matin
1er Mai vers 3h
Tchingou
(Shigu)
12e D.on
Potetientsou
(Potelmin)
Garde
Hamatang
Tientsu (Tenay)
3e rég. tirail.
Tuchengtsou
San-chang-tsu
Laolungtou
Ichunpu
70e tir.
Antung
Koshan
Makou
Yokou
Colline du Tigre
12e D.on
Samlintsu
KIURITO
I. OSEKITO
12e Div.on
Wiju
Shasendo
Shokodo
Munschkakol
(Kobako)
Riumundo
I. KINTEITO
I. KIASINTSE
Garde
2e Div.
Sho-ken-kan
Haku-ma-san-zyo
Echelle
0 10 Km.
R. Chapelot et Cie

BATAILLE DE NANCHAN
25 Mai 1904.
Carte N° 116 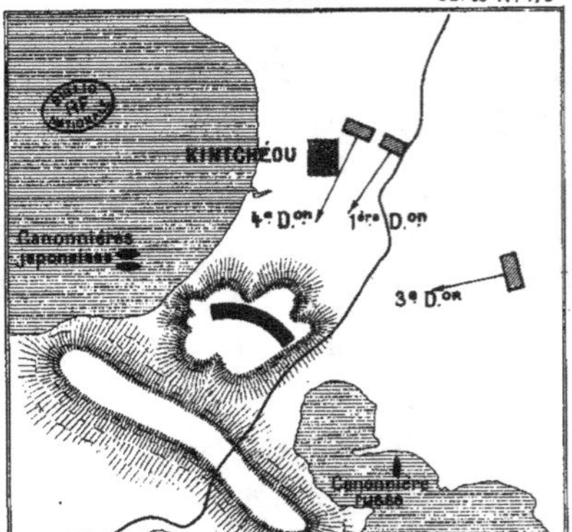
KINTCHÉOU
Canonnières japonaises
4e D.on
1re D.on
3e D.on
Canonnière russe
vers Port-Arthur
Echelle
0 5 Km.
R. Chapelot et Cie

BATAILLE DE WAFANGOU
15 Juin 1904
Carte N° 117 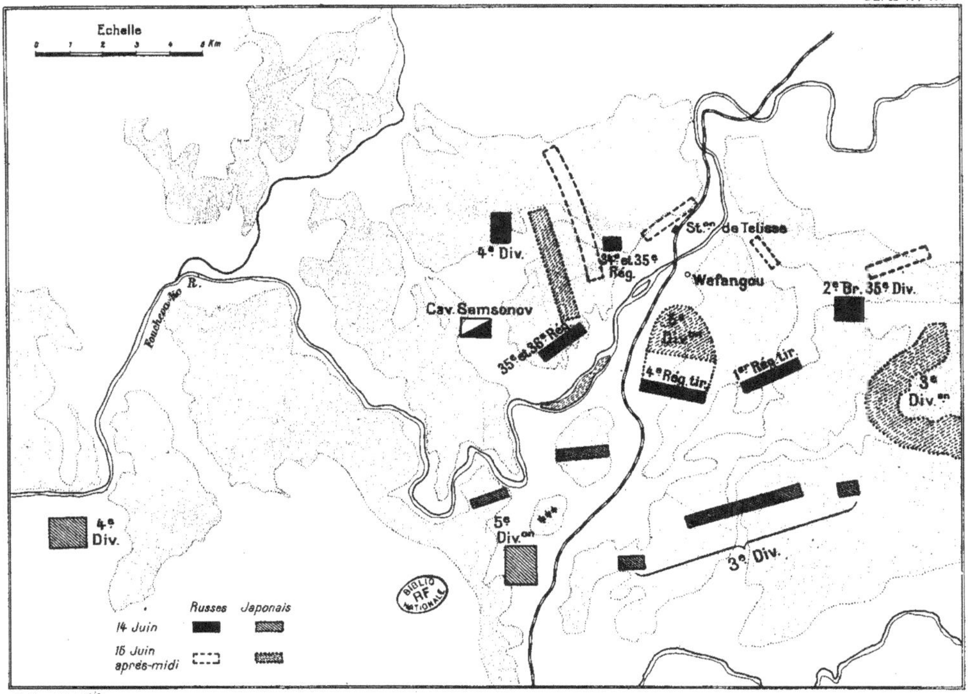
Echelle
0 1 2 3 4 5 Km
Touchrao-ho R.
4e Div.
Cav. Samsonov
35e et 36e Rég.
St.on de Telisse
34e et 35e Rég.
Wafangou
2e Br. 35e Div.
5e Div.on
4e Rég. tir.
1er Rég. tir.
3e Div.on
5e Div.on
4e Div.
3e Div.
Russes   Japonais
14 Juin
15 Juin après-midi
R. Chapelot et Cie

OPÉRATIONS
DE LA 1re ARMÉE
DANS LA
MONTAGNE
118
Motienling, 4 et 17 Juillet 1904.
Sikouyang, 18-19 Juillet 1904.
Yang-tse-ling, 31 Juillet 1904.
Penling, 31 Juillet 1904.

BATAILLE DE TACHEKIAO
24 Juillet 1904
Carte N° 119
Echelle
0 5 10 15 20 Km

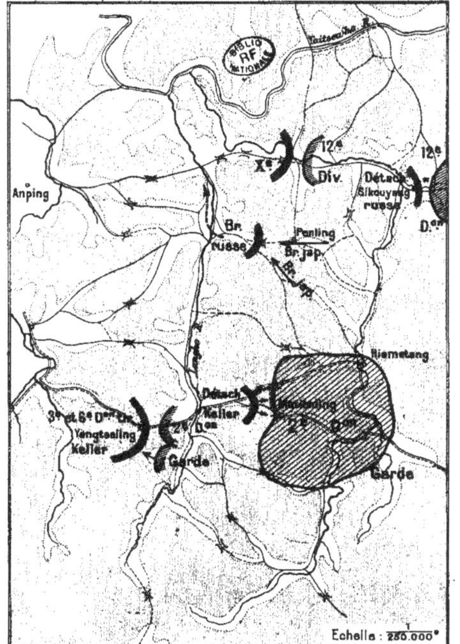
Taitseu-ho R.
12e Div.
Xe
12e Div.
Détach. Sikouyang russe
D.on
Anping
Br. Russe
Penling
Br. jap.
Br. jap.
Niematang
Détach. Keller D.on
3e et 8e D.on De Yangtseling Keller
2e D.on
Garde
Garde
Echelle : 1/250.000e
R. Chapelot et Cie

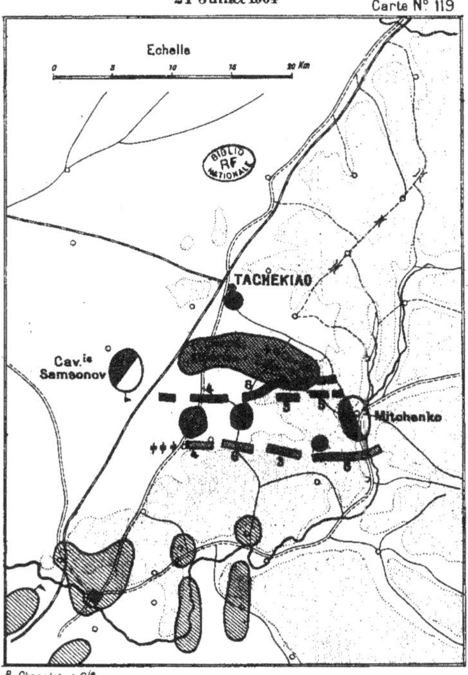
TACHEKIAO
Cav.ie Samsonov
Mitchenko
R. Chapelot et Cie

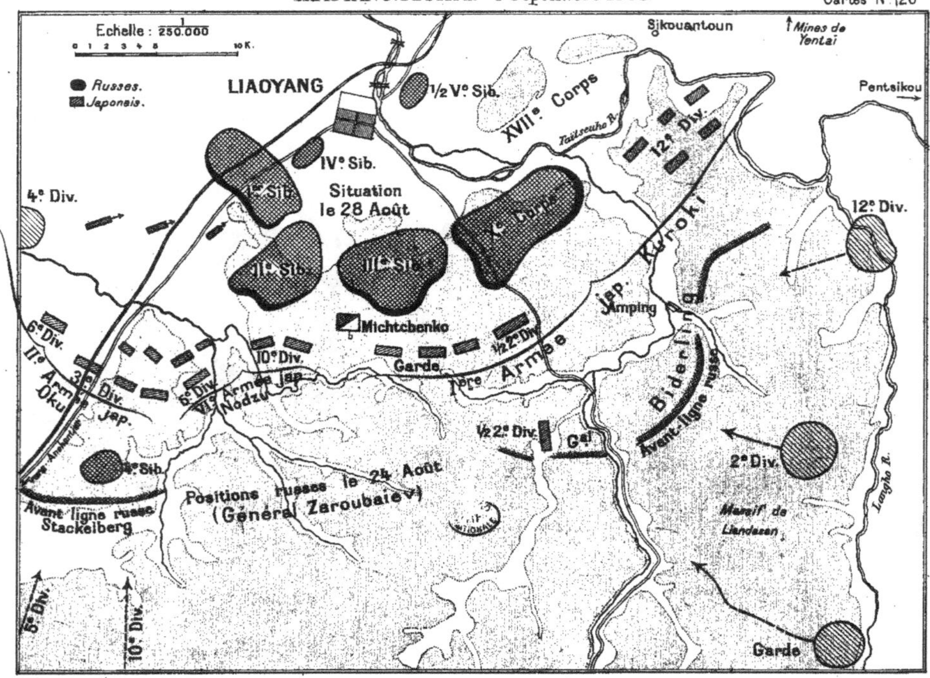

BATAILLE DU CHAHO du 4 au 18 Octobre 1904.
Situation le 9 au soir.
Carte N° 121

BATAILLE DE SANDEPOU du 25 au 29 Janvier 1905.
Situation le 24 Janvier.
Carte N° 122

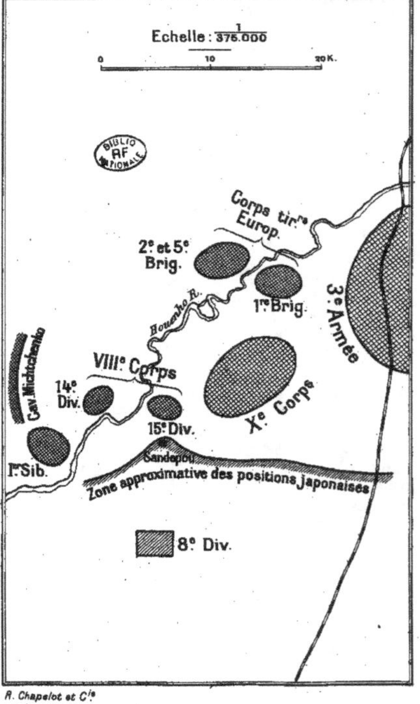

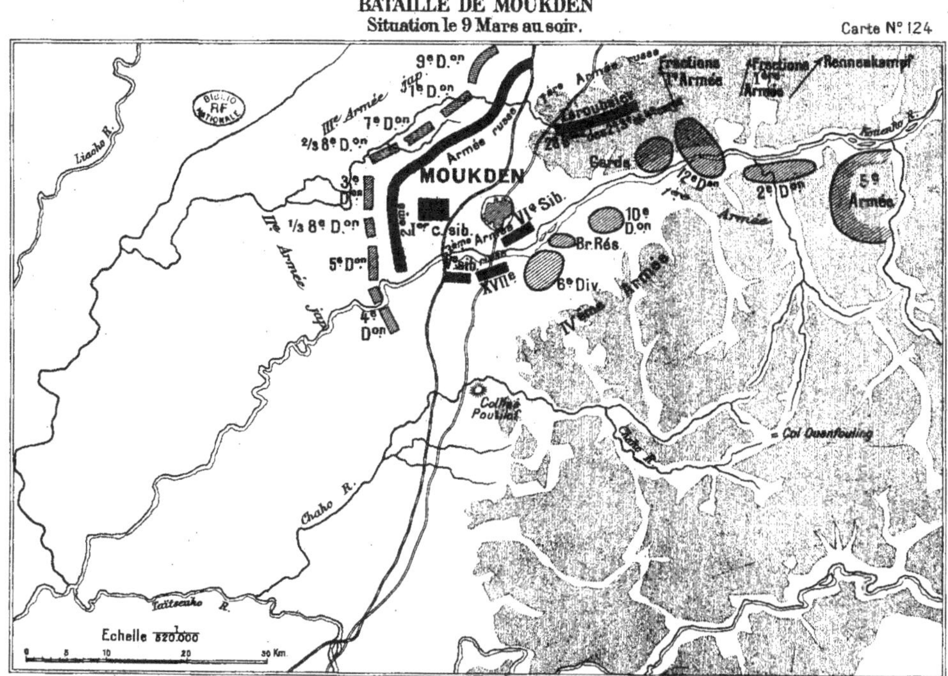

BATAILLE DE MOUKDEN du 20 Février au 11 Mars 1905
Situation le 20 Février
Carte N° 123
Liaoho R.
Kouenho R.
MOUKDEN
3e Armée (Bilderling)
2e Armée (Kaulbars)
Ve c. Sib. XVIIe VIe Sib. Ic. Sib. IVe Sib.
1e Armée (Linievitch)
Corps mixte tirail.
VIIIe c. Xe c.
Br. Rés.
Colline Soutilof
IIe c. Sib. 3e c. Sib.
= Col Danthouling
Détach.ts
Sandepou
5e Div. 4e D.on
6e D.on 6e D.on
D.on Rés.
1e Br. 2e Br. Br. Rés.
Div. Cos.
Brig. Caucase
8e D.on
Chaho R.
Chiliho R.
IVe Armée (Nodzu)
Garde
1e Armée (Kuroki)
12e D.on
IIe Armée (Oku)
1e Br. Cav.
3e D.on
Réserve Générale
Br. Rés.
IIIe Armée (Noghi)
2e Br. 1e D.on 7e D.on Br. rés.
+ G.d Q.G. al
Taitsenho R.
9e D.on
R. Chapelot et Cie

BATAILLE DE MOUKDEN
Situation le 9 Mars au soir.
Carte N° 124
9e D.on
jap.
1e D.on
1ère Armée russe
Fractions 1e Armée
Fractions 1e Armée
Rennenkampf
IIIe Armée
7e D.on
2/3 8e D.on
Liaoho R.
Kaoulian
20e Corps
Kouenho R.
3e D.on
MOUKDEN
Garde
12e D.on
5e Armée
1/3 8e D.on
IIe Armée jap.
Armée russe
2e Armée russe
VIe Sib.
10e D.on
2e D.on
1er c. Sib.
Br. Rés.
1e Armée
5e D.on
XVIIe
6e Div.
1ère Armée jap.
IVe Armée
4e D.on
Colline Poutilof
Chaho R.
= Col Danthouling
Taitsenho R.
Echelle 1/520.000
0   5   10   20   30 Km.
R. Chapelot et Cie
d'après le C.t Meunier, la Guerre Russo-Japonaise.

PRESQU'ÎLE DU KOUANG-TONG

Carte N°125

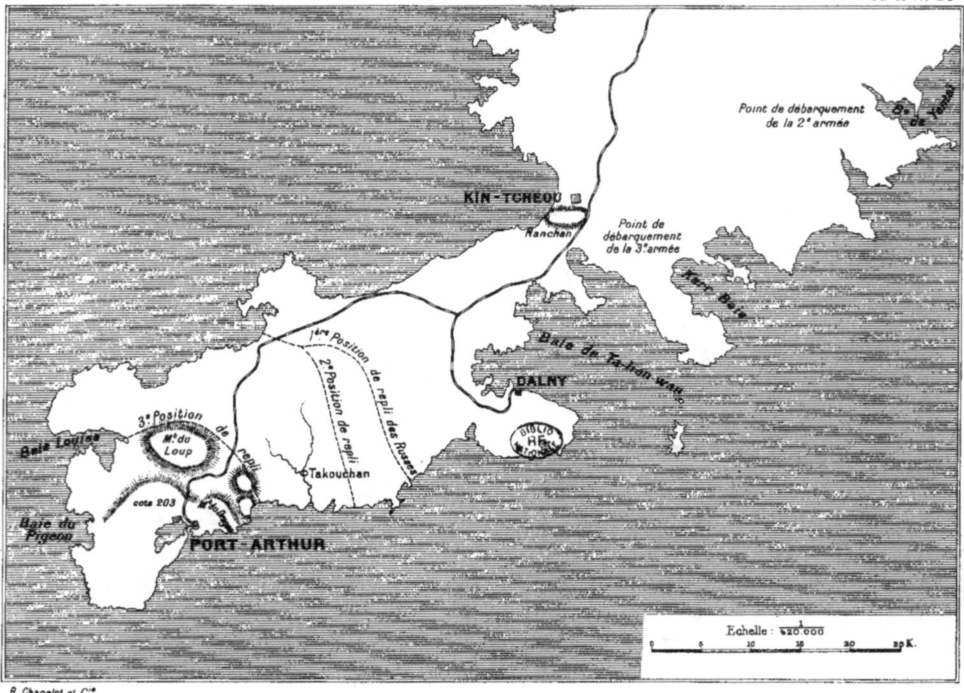

SIÈGE DE PORT-ARTHUR
26 Juin 1904 - 1ᵉʳ Janvier 1905.

Carte N°126

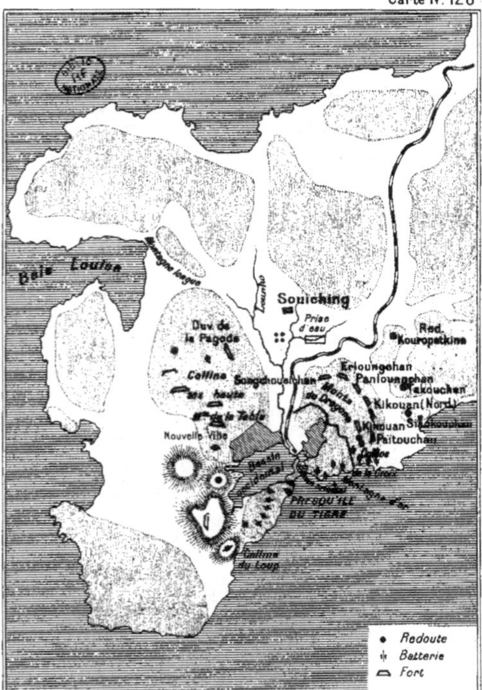

BATAILLE NAVALE DE TSOUSHIMA
27 Mai 1905. (2ʰ du matin)

Carte N°127

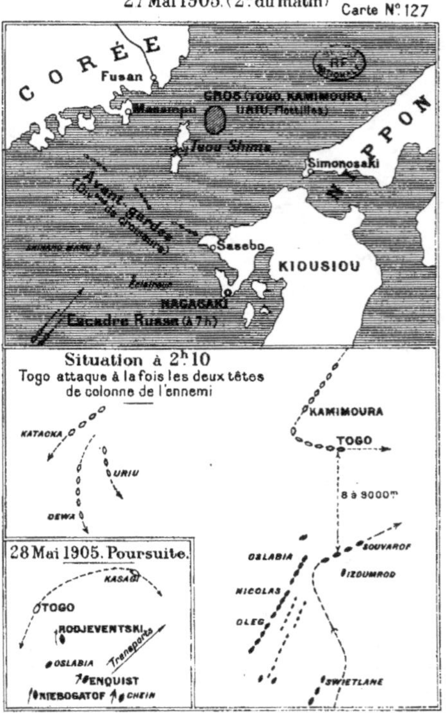